MIX
Papier aus verantwortungsvollen Quellen
Paper from responsible sources
FSC® C105338

Julia Bodem

Die Staatsschuldenkrise in der Europäischen Wirtschafts- und Währungsunion

Collective Action Clauses und
die Einbindung privater Gläubiger
der Schlüssel zum Weg aus der Krise?

Diplomica® Verlag GmbH

Bodem, Julia: Die Staatsschuldenkrise in der Europäischen Wirtschafts- und Währungsunion: Collective Action Clauses und die Einbindung privater Gläubiger der Schlüssel zum Weg aus der Krise?, Hamburg, Diplomica Verlag GmbH 2012

ISBN: 978-3-8428-7283-7
Druck: Diplomica® Verlag GmbH, Hamburg, 2012

Bibliografische Information der Deutschen Nationalbibliothek:
Die Deutsche Nationalbibliothek verzeichnet diese Publikation in der Deutschen Nationalbibliografie; detaillierte bibliografische Daten sind im Internet über http://dnb.d-nb.de abrufbar.

Die digitale Ausgabe (eBook-Ausgabe) dieses Titels trägt die ISBN 978-3-8428-2283-2 und kann über den Handel oder den Verlag bezogen werden.

Dieses Werk ist urheberrechtlich geschützt. Die dadurch begründeten Rechte, insbesondere die der Übersetzung, des Nachdrucks, des Vortrags, der Entnahme von Abbildungen und Tabellen, der Funksendung, der Mikroverfilmung oder der Vervielfältigung auf anderen Wegen und der Speicherung in Datenverarbeitungsanlagen, bleiben, auch bei nur auszugsweiser Verwertung, vorbehalten. Eine Vervielfältigung dieses Werkes oder von Teilen dieses Werkes ist auch im Einzelfall nur in den Grenzen der gesetzlichen Bestimmungen des Urheberrechtsgesetzes der Bundesrepublik Deutschland in der jeweils geltenden Fassung zulässig. Sie ist grundsätzlich vergütungspflichtig. Zuwiderhandlungen unterliegen den Strafbestimmungen des Urheberrechtes.

Die Wiedergabe von Gebrauchsnamen, Handelsnamen, Warenbezeichnungen usw. in diesem Werk berechtigt auch ohne besondere Kennzeichnung nicht zu der Annahme, dass solche Namen im Sinne der Warenzeichen- und Markenschutz-Gesetzgebung als frei zu betrachten wären und daher von jedermann benutzt werden dürften.

Die Informationen in diesem Werk wurden mit Sorgfalt erarbeitet. Dennoch können Fehler nicht vollständig ausgeschlossen werden, und der Diplomica Verlag, die Autoren oder Übersetzer übernehmen keine juristische Verantwortung oder irgendeine Haftung für evtl. verbliebene fehlerhafte Angaben und deren Folgen.

© Diplomica Verlag GmbH
http://www.diplomica-verlag.de, Hamburg 2012
Printed in Germany

Inhaltsverzeichnis

Inhaltsverzeichnis I
Abkürzungsverzeichnis III
Symbolverzeichnis IV
Abbildungsverzeichnis V
Tabellenverzeichnis VI
1. Einleitung 1
   1.1   Problemstellung 1
   1.2   Zielsetzung 3
   1.3   Aufbau der Studie 3
2. Grundlagen zum Thema 5
   2.1   Staatsanleihen 5
   2.2   Der Staatsbankrott 8
       2.2.1   Definition und Abgrenzung zur Unternehmensinsolvenz 8
       2.2.2   Entstehung 10
       2.2.3   Historische Betrachtung der Abwicklung 17
3. Einbindung privater Gläubiger in die Bewältigung staatlicher
Verschuldungskrisen 23
   3.1   Einbindung privater Gläubiger: Überblick ausgewählter Ansätze 23
   3.2   Gründe für die Einbindung privater Gläubiger 25
   3.3   Probleme bei der Einbindung privater Gläubiger bei der
           Schuldenrestrukturierung 27
       3.3.1   Koordinationsprobleme zwischen den Gläubigern 27
           3.3.1.1   Rush to the Exit 29
           3.3.1.2   Rush to the Court House 30
           3.3.1.3   Freerider- / Holdout-Problem 30
       3.3.2   Koordinationsproblem zwischen Gläubigern und Schuldner 32
4. Collective Action Clauses 34
   4.1   Majority Action Clause 37
   4.2   Majority Enforcement Provision / Non-Acceleration Clause 38
   4.3   Collective Representation Clause 40
   4.4   Sharing Clause 42

4.5	Initiation Clause	42
4.6	Aggregation Clause	43
4.7	Bewertung der Collective Action Clauses	44
4.8	Verwendung und Verbreitung von Collective Action Clauses	49
4.9	Collective Action Clauses in der bisherigen Praxis staatlicher Umschuldungen	54

5. Die Staatsschuldenkrise in der Europäischen Wirtschafts- und Währungsunion ... 57

5.1	Der Weg in die Krise	57
5.2	Entwicklungen im Zuge der Finanzmarktkrise	68
5.3	Der Weg aus der Krise – Quo vadis?	82

6. Fazit ... 90

Literaturverzeichnis ... 93

Abkürzungsverzeichnis

Abs.	Absatz
AEUV	Vertrag über die Arbeitsweise der Europäischen Union
Art.	Artikel
Aufl.	Auflage
BIP	Bruttoinlandsprodukt
BMF	Bundesministerium der Finanzen
BMWi	Wissenschaftlicher Beirat beim Bundesministerium für Wirtschaft
bpb	Bundeszentrale für politische Bildung
Bps	Basispunkte
bspw.	beispielsweise
bzw.	beziehungsweise
ca.	circa
CAC(s)	Collective Action Clause(s)
CEO	Chief Executive Officer
d. h.	das heißt
Diss.	Dissertation
DZ BANK	Deutsche Zentral-Genossenschaftsbank
EFSF	European Financial Stability Facility
EFSM	European Financial Stabilisation Mechanism
EML	Emerging-Market-Länder
ESM	ständiger Europäischer Stabilitätsmechanismus
EU	Europäische Union
EWU	Europäische Währungsunion (Kurzbezeichnung für EWWU)
EWWU	Europäische Wirtschafts- und Währungsunion
EZB	Europäische Zentralbank
f.	folgend
ff.	folgende
G-10	Belgien, Deutschland, Frankreich, Großbritannien, Italien, Japan, Kanada, Niederlande, Schweden und USA
Hrsg.	Herausgeber
i. d. R.	in der Regel

IMF	International Monetary Fund (englische Bezeichnung für IWF)
IWF	Internationaler Währungsfonds
lpb-BW	Landeszentrale für politische Bildung Baden-Württemberg
Mio.	Million(en)
Mrd.	Milliarde(n)
OECD	Organisation für wirtschaftliche ZusammenStudie und Entwicklung (englische Bezeichnung: Organisation for Economic Co-operation and Development)
o. O.	ohne Erscheinungsort
o. V.	ohne Verfasser
PIIGS	Portugal, Irland, Italien, Griechenland, Spanien
S.	Seite
SDRM	Sovereign Debt Restructuring Mechanism
SECO	Staatssekretariat für Wirtschaft
SVR	Sachverständigenrat zur Begutachtung der gesamtwirtschaftlichen Entwicklung
u. a.	unter anderem
USA	United States of America
USD	US-Dollar
v. a.	vor allem
Vgl.	Vergleiche
z. B.	zum Beispiel
z. T.	zum Teil

Symbolverzeichnis

€	Euro
x	Multiplikator
%	Prozent

Abbildungsverzeichnis

Abbildung 1: Grundstruktur von Anleihen 6
Abbildung 2: Mögliche Gläubiger des Staates 14
Abbildung 3: Der Fall Elliott Associates 31
Abbildung 4: Anleiheemissionen mit Collective Action Clauses (1995-2007) 53
Abbildung 5: Bond Spreads ausgewählter Eurostaaten in Bps (1990-2010) 59
Abbildung 6: BIP-Wachstum ausgewählter Eurostaaten (2000-2011) 61
Abbildung 7: Entwicklung des Gesamtschuldenstandes ausgewählter Eurostaaten
  (1999-2011) 62
Abbildung 8: Entwicklung der Lohnstückkosten ausgewählter Eurostaaten
  (2000-2010) 65
Abbildung 9: Harmonisierte Wettbewerbsindikatoren ausgewählter Eurostaaten 66
Abbildung 10: Leistungsbilanzüberschuss/-defizit ausgewählter Eurostaaten
  (1994-2011) 67
Abbildung 11: Bond Spreads ausgewählter Eurostaaten (Oktober 2007-Februar 2011) 70
Abbildung 12: Langfristiges Fremdwährungsrating 72
Abbildung 13: EU-Rettungsschirm (in Mrd. €) 74
Abbildung 14: Euro-Schutzschirm für Irland (in Mrd. €) 77

Tabellenverzeichnis

Tabelle 1: Struktur langfristiger Nettokapitalflüsse in EML, 1980-2001
(in Mrd. USD) 19

Tabelle 2: Umschuldungsregimes 20

Tabelle 3: Ansätze zur Einbindung privater Gläubiger in die Prävention und
Bewältigung staatlicher Verschuldungskrisen 24

Tabelle 4: Umfang öffentlicher Finanzhilfen, Juli-Oktober 1998 (in Mrd. USD) 27

Tabelle 5: Übersicht über die Einzelklauseln der Collective Action Clauses 36

Tabelle 6: Ausstehende internationale Anleiheemissionen von Emerging-Market-
Ländern: Marktpraxis bzgl. CACs und geltendes Recht,
Januar 1991-Januar 2003 50

Tabelle 7: Staatsanleihen von 1991 bis 2003 nach Gerichtsbarkeit (in Mrd. USD) 51

Tabelle 8: Verwendung von Collective Action Clauses in Anleiheemissionen
Souveräner zwischen 2002 und 2003 (in Mrd. USD) 52

Tabelle 9: Entwicklung der Haushaltsdefizite ausgewählter Eurostaaten (1999-2011) . 62

*„We have to stop the bush fires turning
into a Europe-wide forest fire."*

Olli Rehn, EU-Kommissar[1]

---

[1] zitiert nach The Economist (Hrsg.), www.economist.com/node, 09.12.2010

1. Einleitung

1.1 Problemstellung

„Staaten gehen nicht bankrott."[2] Diesen historisch bedeutenden Satz äußerte Walter Wriston, ehemaliger CEO der einstigen Citibank (1967-1984) und zu seiner Zeit einer der mächtigsten Bankiers der Welt, im Jahr 1982.[3] Wenig später gerieten mehrere lateinamerikanische Länder, darunter Argentinien, Brasilien und Mexiko, in eine tiefe Schuldenkrise, welche in der Geschichte deutliche Spuren hinterlassen hat.

Die Vorstellung, ein Staat könne nicht bankrottgehen, wird bis heute kontrovers diskutiert, obschon diese Vorstellung dem traditionellen Völkerrecht entspricht.[4] Die Wirtschaftsgeschichte jedoch kennt zahlreiche Beispiele für Staatsbankrotte aus der Vergangenheit. Das wohl bedeutendste Beispiel stellt der Zahlungsausfall Argentiniens aus dem Jahr 2001/02 über 95 Mrd. USD dar (damals der größte Zahlungsausfall in der Geschichte), dessen Folgen bis in die Gegenwart reichen.[5] Es zeigt sich: Staaten können durchaus bankrottgehen.

Schien es bislang allerdings als feste Grundannahme, das Phänomen „Staatsbankrott" sei ausschließlich für Entwicklungsländer bestimmt, belegen die jüngsten Erfahrungen innerhalb der Eurozone, dass sich diese als nicht haltbar erweist.

Nachdem die neugewählte griechische Regierung im Oktober 2009 das Haushaltsdefizit für das Jahr von 3,7 auf 12,7 Prozent des Bruttoinlandsproduktes (BIP) nach oben revidieren musste[6], rückte der griechische Haushalt zunehmend in den Fokus der Betrachtungen von Politik und den internationalen Kapitalmärkten. Zweifel an der Tragfähigkeit des Schuldenstandes ließen die Risikoprämien[7] in den Folgemonaten auf ein noch nie dagewesenes Niveau seit Einführung der Gemeinschaftswährung im Jahre 1999 an-

---

[2] Walter Wriston zitiert nach Reinhart, C.-M.; Rogoff, K.-S. (2010), S. 104
[3] Vgl. Reinhart, C.-M.; Rogoff, K.-S. (2010), S. 104. Vgl. hierzu auch Bouchain, H.; Clasen, K.; De la Rubia, Dr. C. (2008), S. 6
[4] Vgl. z. B. Paulus, Prof. Dr. C.-G. (2010a), S. 793
[5] Vgl. Reinhart, C.-M.; Rogoff, K.-S. (2010), S. 69. Vgl. hierzu außerdem Ruhkamp, S., www.faz.net/s, 28.10.2010
[6] Vgl. tagesschau.de (Hrsg.), www.tagesschau.de/wirtschaft, 20.05.2010

steigen. Am 27. April 2010 rentierten zehnjährige griechische Staatsanleihen trotz ambitionierter Sparprogramme bei einer Marke von rund 12 Prozent. Zuvor hatte die Ratingagentur Standard & Poor's Griechenland auf „Ramschstatus" herabgestuft. Ein Staatsbankrott Griechenlands Anfang Mai 2010 konnte nur durch finanzielle Stützungsmaßnahmen der Euro-Partnerländer in ZusammenStudie mit dem Internationalen Währungsfonds (IWF) abgewendet werden.

Der Vertrauensverlust in die Tragfähigkeit des öffentlichen Haushaltes griff zunehmend auf andere europäische Staaten über. Ausgehend von einem drohenden Dominoeffekt und einer damit verbundenen Gefahr für die Stabilität des gesamten Währungsgebietes, beschlossen die politischen Entscheidungsträger der Europäischen Wirtschafts- und Währungsunion (EWWU, kurz: EWU) einen auf drei Jahre begrenzten EU-Rettungsschirm für die sich in akuten Zahlungsschwierigkeiten befindlichen Euro-Mitgliedstaaten. Im November 2010 nahm Irland als erster Mitgliedsstaat den Schutz dieses Schirms in Anspruch.

Die Aussage „We have to stop the bush fires turning into a Europe-wide forest fire." trifft die gegenwärtigen Handlungsmotive der Politiker seitdem im Kern.

Mit Blick auf die weiterhin angespannte Lage an den internationalen Kapitalmärkten und der Suche nach einem nachhaltigen Weg aus der gegenwärtigen Misere, fassten die EU-Minister auf einem EU-Gipfel am 16./17. Dezember 2010 einen Beschluss über die Etablierung eines ständigen Europäischen Stabilitätsmechanismus (ESM). Jener soll den im Jahr 2013 auslaufenden EU-Rettungsschirm ablösen. Intention ist die Schaffung eines Regelungsmechanismus innerhalb der EWU für den Fall, dass sich ein Staat in einer akuten finanziellen Liquiditätsengpass-Situation befindet respektive sich im Worst-Case-Szenario mit dem Staatsbankrott konfrontiert sieht. Im Rahmen dieses Mechanismus ist es vorrangiges Ziel, auch private Gläubiger an den Kosten einer staatlichen Verschuldungskrise zu beteiligen. Um eine Einbindung dieser zu gewährleisten, sieht der ESM eine Implementierung von Umschuldungsklauseln (Collective Action Clauses) in alle ab Juni 2013 neu zu emittierenden Staatsanleihen der EWU-Mitgliedstaaten vor. Mit einer in diesem ESM fest verankerten Regelung über die Einbindung privater Gläu-

---

[7] In der Praxis häufig auch Spreads oder Creditspreads genannt.

biger sollen Anreize für eine stärkere Marktdisziplinierung geschaffen werden, um eine langfristige Stabilität der Europäischen Wirtschafts- und Währungsunion zu gewährleisten.

Aber ist dieser Stabilitätsmechanismus ausreichend? Können eine Gläubigerbeteiligung und die Einführung von Collective Action Clauses (CACs) dabei helfen zukünftige „Euro-Krisen" oder den Staatsbankrott eines Eurolandes zu verhindern?

1.2 Zielsetzung

Unter der beschriebenen Ausgangsbasis der Europäischen Wirtschafts- und Währungsunion ist es Ziel der vorliegenden Studie, die Wirkungsmechanismen von Collective Action Clauses als integrativem Bestandteil von Staatsanleihen sowie deren Potenzial für die Einbindung privater Gläubiger und für die Bewältigung der gegenwärtigen Staatsschuldenkrise zu analysieren.

1.3 Aufbau der Studie

Die vorliegende Studie umfasst sechs Kapitel. Mit Kapitel 2 im Anschluss an diese Einleitung werden zunächst die Grundlagen zum Thema gesetzt. Es erfolgt eine Definition von Staatsanleihen (Kapitel 2.1) sowie der Begrifflichkeit des Staatsbankrotts (Kapitel 2.2). Da ein Staat nicht auf dieselbe Art und Weise wie eine Unternehmung bankrottgeht und daher auch die Abwicklung eines Staatsdefaults entsprechend ungleich sein muss, wird in Kapitel 2.2 weiter eine Abgrenzung des Staatsbankrotts zur Unternehmensinsolvenz vorgenommen. Es folgt eine Darstellung derjenigen Gründe, die einen Staat in den Bankrott führen können. Abgerundet werden die Grundlagen mit einer historischen Betrachtung hinsichtlich der Abwicklung eines Staatsbankrotts, um aufzuzeigen, dass der Gedanke der Einbindung privater Gläubiger in Form von CACs als integrativem Bestandteil von Staatsanleihen bereits in der Historie existierte und Anwendung fand. Im anschließenden Kapitel 3 werden die Gründe dafür aufgezeigt, warum private Gläubiger bei der Bewältigung respektive an den Kosten eines Staatsbankrotts beteiligt werden sollten, begleitet von einer Definition, welche Gläubiger im Rahmen dieser Studie unter den Begriff der „privaten Gläubiger" subsumiert werden. Welche Probleme bei der Einbindung dieser im Rahmen der Schuldenrestrukturierung, vor allem bei der Restrukturierung von Staatsanleihen, auftreten können und die ein Mechanismus in der Lage zu lösen sein muss, werden in Kapitel 3.2 aufgezeigt. Insbesondere die Koordination einer heterogenen Gläubigerbasis sowie das opportunistische Verhalten einzelner Gläubiger sind grundsätzliche Lösungsprobleme. Da CACs und deren Potenzial zur Einbindung privater Gläubiger und Bewältigung der gegenwärtigen Staatsschuldenkrise den Kern dieser Studie bilden, erfolgt in Kapitel 3.1 zunächst eine allgemeine Eingliederung dieser als ein Mechanismus zur Einbindung privater Gläubiger in die Bewältigung staatlicher Verschuldungskrisen, bevor in Kapitel 4 eine ausführliche Darstellung der verschiedenen Einzelklauseln folgt. Zudem werden die bisherigen Erfahrungen mit dem Einsatz dieser Instrumente aufgezeigt sowie ein kurzes Zwischenfazit hinsichtlich der Nützlichkeit von CACs zur Überwindung der in Kapitel 3.3 dargestellten Problematiken gezogen. Kapitel 5 leitet den praktischen Teil der vorliegenden Studie ein. Zu Beginn wird analysiert, welche Ursachen den Weg in die Schuldenkrise der EWU bereitet haben (Kapitel 5.1). Die Ergebnisse dienen als Ausgangsbasis für das folgende Kapitel 5.2, in welchem aufgezeigt wird, wie durch eine Wechselwirkung dieser mit verschiedenen Faktoren im Zuge der Finanzmarktkrise eine Staatsschuldenkrise in der Europäischen Wirtschafts- und Währungsunion entstehen konnte. Der Fokus der Betrachtungen richtet sich dabei auf die im Rahmen der Krise als so genannte PIIGS-Staaten (Portugal, Irland, Italien, Griechenland und Spanien) bezeichneten Länder. Abgerundet wird Kapitel 5 mit einem möglichen Weg aus der Krise, welches eine Analyse der CACs als Lösungsansatz zur Bewältigung und Einbindung privater Gläubiger in die gegenwärtige Staatschuldenkrise beinhaltet, bevor die Studie mit einem Fazit schließt.

Die vorliegende Studie wurde inhaltlich am 15. März 2011 abgeschlossen und berücksichtigt daher keine Ereignisse und Beschlüsse nach diesem Zeitpunkt.

2. Grundlagen zum Thema

2.1 Staatsanleihen

Anleihen[8] sind verzinsliche Schuldverschreibungen mit vorab festgelegter Laufzeit und Tilgungsform.[9] Der Anleihe-Aussteller ist Emittent der Anleihe, dessen Motivation zur Begebung (Emission) jener i. d. R. zuvorderst aus dem Ziel der Fremdkapitalbeschaffung am in- und ausländischen Kapitalmarkt resultiert.[10] Anleihen verbriefen demnach einen festen Betrag von Fremdkapital. Ein Vorteil gegenüber der Geldaufnahme in Form eines „klassischen" Bankkredits besteht dabei in der freien Handelbarkeit einer Anleihe am Kapitalmarkt.[11] Die Anleihefinanzierung ist darüber hinaus durch ein hohes Emissionsvolumen gekennzeichnet. Der zu akquirierende Gesamtbetrag der Anleiheemission wird daher in Teilbeträge gestückelt und in Teilschuldverschreibungen[12] verbrieft, die einzeln an Anleger ausgegeben werden.[13] Die Stückelung kann bspw. 1.000 € betragen. Die Anzahl der ausgegebenen Stücke ist von dem zu akquirierenden Gesamtbetrag und der Stückelung abhängig.

Der Inhaber einer Anleihe wird als (Anleihe-)Gläubiger bezeichnet.[14] Aufgrund der Tatsache, dass der Handel von Anleihen in Prozent (Prozentnotiz) erfolgt, kauft der Anleger jedoch nicht eine bestimmte Stückzahl einer Anleihe, sondern einen bestimmten Nominalbetrag und bezahlt ihren Kurs in Prozent. Notiert eine Anleihe beim Kauf bspw. bei 100 Prozent (zu pari) und ein Anleihegläubiger erwirbt einen Nominalbetrag in Höhe von 1 Mio. €, hat jener 1 Mio. € (1.000.000 x 100 %) bei Erwerb der Anleihe zu leisten. Im Gegenzug besitzt jeder einzelne Gläubiger das Recht auf eine vertraglich geregelte periodische Zinszahlung sowie am Ende der Laufzeit das Recht auf Rückzah-

---

[8] Die Begriffe „Renten", „Obligationen" und „Bonds" werden sowohl in der Praxis als auch in der Literatur synonym dem Begriff der „Anleihen" verwendet. Im folgenden Verlauf der Studie wird an dieser synonymen Verwendung festgehalten.
[9] Vgl. DZ BANK (2005), S. 2
[10] Vgl. o. V. (2000), S. 131
[11] Vgl. IMF (2002a), S. 3
[12] Die Begriffe „Anleihe", „Schuldverschreibung", und „Obligation" werden sowohl für den Gesamtbetrag einer Anleihe als auch für die einzelnen Stücke (Teilschuldverschreibungen) verwendet. Vgl. Grill, H.; Perczynski, H. (2008), S. 218
[13] Vgl. Grill, H.; Perczynski, H. (2008), S. 218
[14] Vgl. DZ BANK (2005), S. 2

lung des Kreditbetrages (im Regelfall zum Nominalbetrag) vom Emittenten (Schuldner).[15]

Im Folgenden veranschaulicht Abbildung 1 die Grundstruktur von Anleihen:

Abbildung 1: Grundstruktur von Anleihen

Quelle: Eigene Darstellung

An den nationalen und internationalen Kapitalmärkten wird eine Vielzahl unterschiedlich ausgestalteter Anleiheformen gehandelt. Eine Systematisierung erfolgt dabei hinsichtlich ihrer Ausstattungsmerkmale. In Abhängigkeit davon lassen sich Anleihen bspw. differenzieren nach ihren Laufzeiten, ihren Zinszahlungsmodalitäten, ihren Tilgungsformen, ihren Bonitäten, ihren Währungen sowie ihren Emittenten.[16] Wird eine Anleihe von einem souveränen Staat[17] respektive einer öffentlichen Körperschaft begeben, trägt sie die Bezeichnung Staatsanleihe.[18]

Als „international" wird eine Anleihe bezeichnet, wenn die Gerichtsbarkeit für Auseinandersetzungen im Zusammenhang mit der Anleihe eine andere ist als die des Emittenten oder ein ausländisches Gericht innerhalb der Anleihebedingungen als für zuständig benannt wird. Dabei spielt die zugrundeliegende Währung keine Rolle.[19]

Die Erstausgabe einer Anleihe zum Zeitpunkt der Emission erfolgt auf dem Primärmarkt. Danach kann sie i. d. R. wie viele andere Wertpapiere weiterverkauft und frei

---

[15] Vgl. DZ BANK (2005), S. 2
[16] Vgl. Steiner, M.; Bruns, C. (2007), S. 133. Vgl. hierzu außerdem Zeller, S. (2007), S. 192
[17] Im weiteren Verlauf der Studie werden die Begriffe „Staat", „Souverän", „souveräner Schuldner" und „öffentlicher Schuldner" synonym verwendet.
[18] Vgl. IMF (2002a), S. 3
[19] Vgl. IMF (2002a), S. 3

gehandelt werden. Dabei findet nur ein Finanzstrom zwischen alten und neuen Gläubigern statt. Der Schuldner ist von dieser Transaktion nicht betroffen. Der Markt, an dem die bereits emittierten Wertpapiere gehandelt werden, wird auch als Sekundärmarkt bezeichnet.[20]

Aufgrund dessen, dass Anleihen verbriefte Kredite darstellen, können sie der Kreditfinanzierung zugeordnet werden. Für den Anleihegläubiger kann daher entsprechend einem Kreditgeber insbesondere das Kreditrisiko[21] virulent werden.[22] Es bezeichnet die Gefahr, dass ein Schuldner (Emittent) seinen Zahlungsverpflichtungen (Zins und/oder Tilgungsverpflichtungen) nicht, nur teilweise oder verspätet nachkommen kann oder will.[23] Tritt eines der genannten Kreditereignisse ein, wird dies auch als Default bezeichnet.

Neben dem Kreditrisiko zählen das Zinsänderungsrisiko, das Liquiditätsrisiko, das Kündigungs- und Wechselkursrisiko zu den Risiken eines verzinslichen Wertpapiers.[24] Auf eine ausführliche Darstellung dieser wird im Rahmen der vorliegenden Studie jedoch verzichtet.

---

[20] Vgl. Steiner, M.; Bruns, C. (2007), S. 2. Vgl. hierzu auch Spremann, K.; Gantenbein, P. (2005), S. 22
[21] Im Rahmen dieser Studie wird die Definition des Kreditrisikos auf wesentliche für diese Studie wichtige und zum Verständnis beitragende Aspekte beschränkt. Weitergehende Ausführungen liefern z. B. Burghof, H.-P.; Henke, S. (2005) und Heidorn, T. (2009), S. 285.
[22] Vgl. Wöhe, Dr. Dr. G.; Döring, Dr. U. (2008), S. 598
[23] Vgl. Burghof, H.-P.; Henke, S. (2005), S.774. Vgl. außerdem Heidorn, T. (2009), S. 285
[24] Vgl. DZ BANK (2005), S. 7

2.2 Der Staatsbankrott[25]

2.2.1 Definition und Abgrenzung zur Unternehmensinsolvenz

Der Begriff des „Staatsbankrotts" findet in der einschlägigen Literatur keine eindeutige Definition. Es existiert eine Vielzahl unterschiedlicher Definitionsversuche.

Im Rahmen dieser Studie wird der Begriff des „Staatsbankrotts" definiert als die völlige oder teilweise Nichterfüllung vertraglich festgehaltener Schuldverpflichtungen eines Staates. Dabei ist es gleichgültig, welche Gründe für eine Zahlungsverzögerung oder das Unterlassen einer Zahlung vorliegen oder vorgetragen werden und ob die völlige oder teilweise Nichterfüllung nur einzelne oder alle Schuldverpflichtungen eines Staates betrifft. Gefolgt wird hier einem Definitionsversuch der Sozialwissenschaften.[26]

Ein Staatsbankrott kann demnach als Default eines Kreditrisikos, das sich materialisiert hat, verstanden werden. Bei einem Souverän kann ein Default allerdings nicht nur auf Zahlungsunfähigkeit zurückgeführt werden. Abgeleitet aus dem staatlichen Souveränitätsprinzips liegt ein Staatsbankrott auch dann vor, wenn der Staat seinen Zahlungsverpflichtungen nicht nachkommen möchte, also zahlungsunwillig ist. Dies unterscheidet ihn von einer Unternehmensinsolvenz. Für ein Unternehmen stellt allein die Zahlungsunfähigkeit die Hauptgrundlage für ein Insolvenzverfahren dar.[27] Demnach steht bei einem Unternehmen das Leistenmüssen im Vordergrund. Beim Staat dagegen, als Folge des Souveränitätsprinzips, das Leistenkönnen und -wollen.[28]

Dieser wesentliche Unterschied zwischen den Prinzipien des Leistenmüssens und des Leistenkönnens und -wollens kommt zudem darin zum Ausdruck, dass im Falle der Unternehmensinsolvenz die Gläubiger klar definierte Rechte besitzen. Bedingt dadurch kann ein Schuldner über den Rechtsweg gezwungen werden, seinen Verpflichtungen im

---

[25] In der Praxis handelt es sich bei dem Großteil aller Zahlungsausfälle um partielle und keine vollständigen Zahlungsausausfälle, wenngleich Teilzahlungen häufig erst nach langen Neuverhandlungen und einer Vielzahl an Gesprächsrunden erreicht werden. Im weiteren Verlauf der Studie wird aus Vereinfachungsgründen lediglich der Begriff „Staatsbankrott" verwendet.
[26] Vgl. Szodruch, A. (2008), S. 65. Vgl. hierzu auch Collas, C. (1904), S. 1
[27] Vgl. Collas, C. (1904), S. 2
[28] Vgl. Collas, C. (1904), S. 2

Rahmen seiner wirtschaftlichen Möglichkeiten nachzukommen.[29] Bei einem Staatsbankrott stehen den Gläubigern, zumindest theoretisch, zwar die gleichen Rechte zu. In der Praxis lassen sich diese, im Falle eines Falles, jedoch kaum durchsetzen[30], sodass ein Staat nicht auf demselben Wege in die Pflicht genommen werden kann. Zurückzuführen ist dies insbesondere auf einen fehlenden Rechtsrahmen zur Abwicklung von Staatsbankrotten vergleichbar dem einer Unternehmensinsolvenz.[31]

Die Tatsache, dass die ökonomische Position der Kreditgeber eines Staates nicht nur von dessen Rückzahlungsfähigkeit, sondern auch von dessen Rückzahlungsbereitschaft abhängt, verdeutlicht bereits, dass ein Staatsbankrott etwas ganz anderes als eine Unternehmensinsolvenz ist.[32]

Es stellt sich unmittelbar die Frage, ob und inwieweit ein Vorgehen ähnlich einer Unternehmensinsolvenz auf den Fall des Staatsbankrotts übertragbar respektive anwendbar ist.

Ein öffentlicher Schuldner kann im Falle eines Staatsbankrotts ungleich einem Unternehmen liquidiert werden, indem das Vermögen bewertet und dem Markt zugeführt wird mit dem Ziel, eine möglichst hohe Auszahlungsquote für die Gläubiger zu erlangen.[33] Grund dafür ist, dass das Vermögen eines öffentlichen Schuldners unter anderem in seinen natürlichen Ressourcen und der Produktivität der Bevölkerung besteht und eine Bewertung daher nur schwer möglich ist. Die einzigen bezifferbaren Vermögenswerte eines Staates sind Sachanlagen und sollten zum Wohle der dort lebenden Bevölkerung auch in Staatshand bleiben, da ein Verlust im Extremfalle zu einer Destabilisierung der politischen Lage des Landes führen und somit drastische Konsequenzen nach sich ziehen kann.[34] Es muss deshalb weniger Ziel sein, im Falle eines überschuldeten Staates die Befriedigung der Gläubiger in den Fokus zu stellen als vielmehr den Staat

---

[29] Vgl. Hersel, P. (1999), S. 34
[30] Vgl. Reinhart, C.-M.; Rogoff, K.-S. (2010), S. 105
[31] Vgl. Weder, Prof. B. (2002), S. 6
[32] Vgl. Reinhart, C.-M.; Rogoff, K.-S. (2010), S. 105
[33] Vgl. BMWi (2010), S. 20
[34] Vgl. Mullock, C. (2003), S. 2

wieder in den Zustand einer dauerhaft tragfähigen Verschuldung zurückzuversetzen, um damit eine nachhaltige Zahlungsfähigkeit des Staates zu gewährleisten.[35]

Darüber hinaus stellt die Staatsregierung kein entsprechendes Gegenstück zu einem Vorstand dar. Ihr Handeln dient in erster Linie den Einwohnern des Landes und deren zukünftigem Wohlstand und nicht wie in einem Unternehmen den Investoren.[36] Souveräne Schuldner können daher nicht unter Konkursverwaltung gestellt werden. Dies würde grundlegenden demokratischen Prinzipien widersprechen.[37] Die Einführung von Programmen des IWF, wie z. B. die Vergabe von Stabilisierungskrediten mit harten Konditionen, kann jedoch als Analogie eines Austausches des Managements interpretiert werden.[38] Die Regierung wird dabei allerdings nicht ausgetauscht. Vielmehr wird ihre Kontrolle über die heimische Politik dadurch streng beschränkt.[39] Die Drohung des Kontrollverlustes soll als Abschreckung ein Verhalten verhindern, das zu einer finanziellen Notlage des Staates führen könnte.

Die Übertragung respektive Anwendung eines Verfahrens ähnlich dem Vorgehen bei einer Unternehmensinsolvenz auf den Fall eines Staatsbankrotts ist aufgrund der genannten Aspekte daher mit einigen nicht überwindbaren Problemen verbunden.
Es zeigen sich darüber hinaus weitere Besonderheiten, die im Zusammenhang mit der Entstehung eines Staatsbankrotts stehen.

2.2.2 Entstehung

Liquiditätsengpässe vs. Überschuldung In der Literatur wird bei der Zahlungsunfähigkeit eines Souveräns nach dem Grund ihres Entstehens differenziert. Die Zahlungsunfähigkeit kann aus einem temporären Liquiditätsengpass (Liquiditätsproblem) oder einer anhaltenden Überschuldungssituation (Solvenzproblem) resultieren.[40] Der erste Fall wird auch als Liquiditätskrise bezeichnet. Eine solche tritt ein, wenn ein Staat, der sowohl bereit als auch in der Lage ist, seine Schulden langfristig zu bedienen, vorüber-

---

[35] Vgl. BMWi (2010), S. 20.Vgl. außerdem Paulus, Prof. Dr. C.-G. (2010b), S. 8
[36] Vgl. Mullock, C. (2003), S. 2
[37] Vgl. BMWi (2010), S.21
[38] Vgl. Eichengreen, B.-J.; Portes, R. (1995), S. 15
[39] Vgl. Eichengreen, B.-J.; Portes, R. (1995), S. 15
[40] Vgl. Frech, T (2005), S. 25

gehend zahlungsunfähig wird.[41] Eine anhaltende Überschuldungssituation wird dagegen auch als Solvenzkrise betitelt. Jene Krise resultiert aus einer fundamentalen Schwäche des Schuldnerstaates und lässt langfristig eine Zahlungsunfähigkeit oder Zahlungsunwilligkeit erwarten.[42]

Befindet sich ein Staat lediglich in einer Liquiditätskrise, kann eine dritte Partei, z. B. ein multilateraler Kreditgeber, wie es der IWF bspw. darstellt, prinzipiell einen Überbrückungskredit gewähren. Damit wird die Zahlungsfähigkeit des Staates zunächst sichergestellt und ein Zahlungsausfall abgewendet.[43] Im Falle einer Solvenzkrise erhöht ein Überbrückungskredit die Schuldenlast, löst jedoch nicht das eigentliche Problem der Überschuldung. Daher sind solche Kredite bei Solvenzproblemen eines Staats nur dann sinnvoll, wenn ein Bankrott dieses Staates bspw. mit Ansteckungseffekten auf andere Staaten verbunden wäre.[44] Die Grenze zwischen Liquiditäts- und Solvenzkrise ist häufig jedoch fließend, da sich beide Krisen gegenseitig bedingen können und daher eine enge Verknüpfung untereinander besteht.[45]

Liquiditätskrisen resultieren im Allgemeinen aus einer zeitlichen Verschiebung zwischen den Einnahmen des Staates und der Fristigkeit seiner Schulden. Der Staat selbst ist dabei aber solvent, d. h. die Schuldenlast ist tragfähig. Eine solche Situation kann bspw. entstehen, wenn, bedingt durch eine ungünstige Fristigkeitsstruktur der Staatsschulden, die Fälligkeit eines Großteils aller kurzfristigen Verbindlichkeiten auf einen bestimmten Termin fällt und damit zu einem umfangreichen Abfluss an Geldern führt (Rollover-Crisis). Die Logik einer Liquiditätskrise ist dabei gleich der eines Bank-Runs[46] und besitzt daher keine fundamentalökonomische Rechtfertigung.[47]

---

[41] Vgl. Reinhart, C.-M.; Rogoff, K.-S. (2010), S. 115
[42] Vgl. Frech, T. (2005), S. 25. Vgl. außerdem Reinhart, C.-M.; Rogoff, K.-S. (2010), S. 115
[43] Vgl. Reinhart, C.-M.; Rogoff, K.-S. (2010), S. 115
[44] Vgl. Dullien, S.; Schwarzer, D. (2010), S. 5
[45] Vgl. Fritz, B. (2004), S. 10. Vgl. hierzu zudem Frech, T. (2005), S. 25
[46] Bei einem Bank-Run versuchen viele Kunden einer Bank zum gleichen Zeitpunkt ihre Einlagen abzuziehen. Die Motivation der Bankkunden kann dabei z. B. aus einer Panik, ausgelöst durch ein falsches Gerücht, die Bank könne insolvent werden, resultieren. Da eine Bank zumeist nur einen Bruchteil ihres Vermögens als Bargeld bereithält, der Großteil jedoch in langfristigen Aktiva angelegt ist, kann eine durchaus liquide Bank infolge eines solchen Bank-Runs in die Insolvenz geführt werden. Vgl. Reinhart, C.-M.; Rogoff, K.-S. (2010), S. 37f.. Vgl. hierzu auch Mankiw, N.-G. (2004), S. 695
[47] Vgl. Frech, T. (2005), S. 25f.

Der Übergang von einer Liquiditäts- in eine Solvenzkrise ist entscheidend abhängig vom Verhalten der Kapitalgeber. Verlieren diese ihr Vertrauen in die Zahlungsfähigkeit des illiquiden Schuldners, werden sie eine Übergangsfinanzierung verweigern.[48] Bedingt dadurch kann der Staat die auslaufenden Altschulden nicht finanzieren. Als Folge wird der Staat trotz guter makroökonomischer Fundamentaldaten in den Staatsbankrott geführt.[49]

Darüber hinaus kann auch eine anhaltende Liquiditätskrise bei den Kapitalgebern die Angst vor einem tatsächlichen Zahlungsausfall schüren. Ein daraus resultierender Vertrauensverlust wird den Risikoaufschlag beeinflussen und damit die Höhe der vom Schuldner zu leistenden Zinszahlungen. Unter einem Risikoaufschlag wird dabei der Zinsaufschlag verstanden, den die Anleger als Kompensation für das übernommene Risiko eines Zahlungsausfalls bei der Mittelbereitstellung zusätzlich zu einem Vergleichszins, bspw. zum risikofreien Zins, verlangen. Im Extremfalle werden dadurch die Refinanzierungskosten des Staates in die Höhe getrieben und der Staatsbankrott wird faktisch zu einer self-fullfilling-prophecy. In diesem Fall wird der souveräne Schuldner in den Staatsbankrott gezwungen.

In den Wirtschaftswissenschaften wird eine solche Situation, in der es von den Erwartungen der Marktteilnehmer abhängt, ob ein Land in die Krise gerät oder nicht, auch als „multiples Gleichgewicht" bezeichnet.[50] Solche Situationen mit mehreren Gleichgewichten sind anfällig für sich selbst erfüllende Prophezeiungen.[51]

Im Gegensatz zu diesen aus Liquiditätsengpässen resultierenden Krisen, basieren solche aus einer anhaltenden Überschuldungssituation auf einer nicht länger tragfähigen Verschuldung und dem daraus entstehenden Unvermögen eines Staates, seinen Schulden-

---

[48] Vgl. Hersel, P. (1999), S. 32
[49] Für jeden Gläubiger einzeln betrachtet kann es nur rational sein, seine Beteiligung an den Überbrückungskrediten zu minimieren und so sein Risiko auf Kosten der anderen Gläubiger zu minimieren. Gesamtwirtschaftlich betrachtet ist das Verhalten der Gläubiger jedoch als irrational zu bewerten, da durch den Abzug der Gelder die Wahrscheinlichkeit eines tatsächlichen Zahlungsausfalls des Schuldnerstaates steigt.
[50] Vgl. Dullien, S.; Schwarzer, D. (2010), S. 10
[51] Vgl. SECO (2010), S. 31

dienst weiterhin wie vertraglich festgeschrieben zu leisten.[52] Der Staat ist faktisch bankrott.

Bankrott und Illiquidität werden dabei anhand konkreter Werte festgemacht. Ein Staat gilt als bankrott, wenn der abdiskontierte Gegenwartswert der Verschuldung größer ist als der Wert aller gegenwärtigen und zukünftigen Einkommen (Budgetüberschüsse) des öffentlichen Haushaltes nach Tilgung bestehender Schulden, aber vor Zinszahlungen (Primärüberschuss). Ein Bankrott liegt aber auch dann vor, wenn der abdiskontierte Gegenwartswert der Auslandsverschulung den Gegenwartswert zukünftiger Handelsbilanzüberschüsse übersteigt. Illiquidität liegt vor, wenn der abdiskontierte Gegenwartswert aller gegenwärtigen und zukünftigen Einnahmen zwar den Gegenwartswert der Schulden übersteigt, ein Staat somit solvent ist, aber die Struktur der Schulden dergestalt ist, dass der Staat temporär zahlungsunfähig wird.[53] Diese Betrachtungen basieren allerdings lediglich auf theoretischen Überlegungen, womit die Möglichkeit von Abweichungen in der Praxis durchaus gegeben ist.

Auslandsschulden vs. Inlandsschulden Weiter ist bei einem Default eines öffentlichen Schuldners danach zu differenzieren, ob es sich um einen Ausfall bei der Bedienung von Auslandsschulden oder der von Inlandsschulden handelt (oder sogar beider Schuldarten). Auslandsschulden werden unter der Rechtsprechung eines anderen Landes emittiert und lauten i. d. R. (nicht immer) auf eine Fremdwährung. Umgekehrt werden Inlandsschulden unter der Rechtsprechung des Schuldnerstaates emittiert und lauten typischerweise (nicht immer) auf die lokale Währung. Aus der Historie ist zudem bekannt, dass in der überwiegenden Mehrzahl der Fälle, Auslandsschuldtitel von internationalen Anlegern („Ausländern") gehalten werden sowie Inlandsschuldtitel zumeist von Inländern.[54]

---

[52] Vgl. Frech, T. (2005), S. 26f.
[53] Vgl. IMF (2002b), S. 5. Vgl. zudem Frech, T. (2005), S. 27
[54] Vgl. Reinhart, C.-M.; Rogoff, K.-S. (2010), S. 59ff.

Im Folgenden wird die Möglichkeit des Staates Schulden, sowohl im Inland als auch im Ausland aufzunehmen, anhand von Abbildung 2 veranschaulicht:

Abbildung 2: Mögliche Gläubiger des Staates

Quelle: Eigene Darstellung in Anlehnung an Zimmermann, H.; Henke, K.-D. (2001), S. 162

Die dabei für die Inlandsverschuldung vorgenommene Unterscheidung gilt entsprechend für die Auslandsverschuldung. Im letzteren Fall tritt jedoch zusätzlich die Möglichkeit hinzu, dass sich ein Staat bei einem anderen Staat verschuldet et vice versa.[56] Zahlungsausfälle eines souveränen Schuldners auf seine Auslandsschulden tragen die Bezeichnung Auslandsschuldenkrisen. Inlandsschuldenkrisen werden demnach Zahlungsausfälle auf die Inlandsschulden betitelt.[57]

---

[55] Den Staaten der EWU wird durch die Bestimmungen des Vertrages von Lissabon eine direkte Mittelaufnahme bei der Europäischen Zentralbank (EZB) oder den nationalen Zentralbanken allerdings versagt. Inbegriffen ist dabei auch der unmittelbare Erwerb von Schuldtiteln durch die genannten Institutionen. Ziel dieses Verbots ist die Sicherung des Euros als stabile Währung. Vgl. Art. 123 Abs. 1 und 2 AEUV zitiert nach Streinz, Prof. Dr. R.; Ohler, Prof. Dr. C.; Herrmann, Dr. C. (2008), S. 238f.
[56] Vgl. Zimmermann, H.; Henke, K.-D. (2001), S. 162
[57] Vgl. Reinhart, C.-M.; Rogoff, K.-S. (2010), S. 59ff.

Bei einer Inlandsverschuldung ist ein Staatsbankrott prinzipiell vermeidbar. Zum einen besitzen Staaten die Macht der Besteuerung. Diese könnten sie theoretisch in Form einer Steuererhöhung zur Finanzierung des Schuldendienstes (Zins+Tilgung) nutzen. Zum anderen könnte die Regierung staatseigenes Land und andere öffentliche Vermögensgegenstände verkaufen oder ihre Staatsausgaben senken.[58] Damit verbunden wären allerdings negative Folgen wie z. B. Wachstumseinbußen oder politische Unruhen im Inland.[59] Der Staat besitzt ferner die Möglichkeit die Mittel zur Schuldenbedienung über die „Notenpresse" zu drucken, um einen drohenden Zahlungsausfall zu verhindern.[60] Diese Maßnahme ist jedoch nahezu zwangsläufig mit dem negativen Effekt einer folgenden Inflation verbunden. Eine hohe Inflation wiederum trägt eine große Wahrscheinlichkeit einer Währungsabwertung in sich. Diese könnte sich in einem Worst-Case-Szenario weiter zu einer Währungskrise[61] ausweiten und den Staat trotz „Notenpresse" auf Basis einer Inlandsverschuldung in den Bankrott zwingen.

In einem Währungsraum mit eigener Notenbank, wie es die EWU darstellt, befinden sich die Mitgliedsländer in einer besonderen Situation. Die Staaten verschulden sich zwar in eigener Währung, besitzen aber keine währungspolitische Autonomie. Im Gegensatz zu einem einzelnen Staat mit einer eigenen Währung kann es daher nicht so leicht zu einer Währungskrise kommen, da ein Land, wie dies das griechische Beispiel zeigt, nicht die Möglichkeit besitzt, die heimische Währung abzuwerten. Ein Staatsbankrott durch Zahlungseinstellung oder durch einen Ausschluss vom Kapitalmarkt auf Basis einer zu hohen Auslandsverschuldung ist aber durchaus möglich.[62]

---

[58] Vgl. Busch, B.; Jäger-Ambrozewicz, M.; Matthes, J. (2010), S. 6ff.
[59] Vgl. Edling, H. (2001), S. 224
[60] Vgl. Busch, B.; Jäger-Ambrozewicz, M.; Matthes, J. (2010), S. 9
[61] Zeichnen sich erste Anzeichen einer Krise eines souveränen Schuldners ab, werden ausländische Kapitalgeber aus Angst vor Verlusten ihre Gelder abziehen und in sichere Währungen investieren, weil sie eine starke Abwertung der Währung erwarten. Die betroffene Währung gerät dadurch zunehmend unter Spekulationsdruck der Anleger, sodass eine Abwertung nicht zu vermeiden ist. Sinkt der Wert der heimischen Währung infolge dieser Währungskrise, führt dies zu einer entsprechenden Erhöhung der Schuldenlast in Fremdwährung. Dies möglicherweise bis zu dem Punkt, an dem der Staat seine Zahlungsunfähigkeit erklären muss, falls jener sich zum größten Teil in Fremdwährung verschuldet hat.
Vgl. Hefeker, C. (2002), S. 684
[62] Vgl. Busch, B.; Jäger-Ambrozewicz, M.; Matthes, J. (2010), S. 9

Im Falle einer zu hohen Auslandsverschuldung besitzt ein Staat grundsätzlich entsprechend der Inlandsverschuldung die Möglichkeit die Mittel zur Schuldenbedienung über die „Notenpresse" zu drucken. Diese Maßnahme bleibt jedoch wirkungslos, wenn der Staat nicht die währungspolitische Autonomie besitzt. Das Risiko eines Zahlungsausfalls auf Basis einer zu hohen Auslandsverschuldung ist demnach durchaus gegeben. Aufgrund dessen werden die internationalen Kapitalgeber als Kompensation für das höhere Risiko eine entsprechend höhere Risikoprämie als Zinsaufschlag verlangen.[63] Auch hier gilt wieder das Prinzip der self-fulfilling-prophecies. Verlieren die ausländischen Kapitalgeber ihr Vertrauen in die Rückzahlungsfähigkeit des souveränen Schuldners, werden die Risikoprämien ansteigen und damit auch dessen Refinanzierungskosten am internationalen Kapitalmarkt. In der Folge kann es zu einem zeitweiligen Ausschluss vom Kapitalmarkt bzw. zu einem nur erschwerten Zugang kommen, was bedeutet, dass jener seine Anleihen nicht mehr vollständig am Markt platzieren kann. Bedingt dadurch fehlen ihm möglicherweise die nötigen finanziellen Mittel, um seine Staatsausgaben zu tätigen respektive um bestehende Schulden vollständig zu bedienen. Der Staat wird vergleichbar der Situation einer anhaltenden Liquiditätskrise in den Bankrott gezwungen.[64]

Erklärung des Staatsbankrotts Ein Staatsbankrott kann letztlich aber auch dann entstehen, wenn sich ein Staat selbst für bankrott erklärt und seine Schulden nicht mehr vollständig bedient. Dabei ist die Entscheidung des Staates, ob er die Zins- und Tilgungsleistungen Ausländern oder Inländern gegenüber einstellt, letztlich eine politische Frage. Als Konsequenz sind im erst genannten Fall allerdings Handelssanktionen oder ein Ausschluss vom internationalen Kapitalmarkt zu erwarten. Im zweiten genannten Fall ist möglicherweise mit politischen Unruhen zu rechnen.

---

[63] Vgl. Edling, H. (2001), S. 224
[64] Vgl. Busch, B.; Jäger-Ambrozewicz, M.; Matthes, J. (2010), S. 8

2.2.3 Historische Betrachtung der Abwicklung

Staatsbankrotte sind beständige Begleiter der Menschheitsgeschichte und somit weit davon entfernt, neu oder modern zu sein.[65] Die ersten Staatsbankrotte lassen sich bis in die Antike zurückverfolgen.[66] Zu jenem Zeitpunkt wurde als Reaktion auf einen staatlichen Zahlungsverzug auf gewaltsame Maßnahmen der Gläubigerstaaten zurückgegriffen, um auf diese Weise die Schulden einzutreiben.[67] Aufgrund der Verflechtungen der Finanzmärkte sowie der allgemeinen politischen und ökonomischen Entwicklung, haben sich die Möglichkeiten der Schuldeneintreibung bis heute jedoch stark verändert. Niemand käme heutzutage mehr auf die Idee einer militärischen Zwangseintreibung durch die Heimatländer der Gläubiger.[68] Vielmehr wurden andere Lösungsmechanismen entwickelt, die mehr auf die Finanzkontrolle überschuldeter Staaten abstellen.

So kam es nach dem Zweiten Weltkrieg im Jahr 1945 zur Gründung des Internationalen Währungsfonds.[69] Dieser gewährt heute in Zahlungsschwierigkeiten geratenen Schuldnerstaaten v. a. Stabilisierungskredite unter wirtschaftspolitischen Auflagen, welche auch als Konditionalität[70] bezeichnet werden. Ziel ist es dabei, grundsätzlich die Zahlungsunfähigkeit des betroffenen Schuldnerlandes abzuwenden.[71] Eine solche Kreditgewährung wird regelmäßig als öffentliche Rettungsaktion („Bail-Out") des betreffenden Staates respektive der internationalen Kapitalgeber tituliert.[72]

Daneben wurde im Jahr 1956 der so genannte Pariser Club gegründet. Dabei handelt es sich um ein informelles Gremium, das für Verhandlungen der Umschuldung von Staatsschulden besteht, die ein Staat von einem anderen Staat aufgenommen hat (bilaterale Ebene).[73] Parallel zum Pariser Club hat sich der so genannte Londoner Club als ein weiteres informelles Gremium entwickelt, in dessen Rahmen international tätige Banken

---

[65] Reinhart, C.-M. und Rogoff, K.-S. (2010) geben einen umfassenden Überblick über Staatsbankrotte der letzten 200 Jahre.
[66] Vgl. Wittmann, W. (2010), S. 19ff.
[67] Vgl. z. B. Busch, B.; Jäger-Ambrozewicz, M.; Matthes, J. (2010), S. 18f.
[68] Vgl. Siebel, U. (1997), S. 90
[69] Vgl. IMF (Hrsg.), www.imf.org/external, 30.01.2011
[70] Unter solchen mit der Kreditvergabe verbundenen Konditionalitäten werden z. B. Deregulierung und Liberalisierung der Märkte oder die Elimination von Devisenkontrollen verstanden.
[71] Vgl. Schäfer, H.-B. (2010), S. 3
[72] Vgl. Frech, T. (2005), S. 32
[73] Vgl. Club de Paris (Hrsg.), www.clubdeparis.org, 30.01.2011

mit sich in Zahlungsschwierigkeiten befindlichen staatlichen Schuldnern Verhandlungen über die Umschuldung ihrer Forderungen führen (multilaterale Ebene).[74] Die erzielten Ergebnisse dieser Institutionen werden im Allgemeinen als erfolgreich bezeichnet. Im Rahmen des Pariser Clubs wurden bis heute bspw. mehr als 400 Umschuldungsabkommen mit ca. 88 Schuldnerländern mit einem Gesamtvolumen in Höhe von rund 500 Mrd. USD geschlossen.[75] Dennoch wird ihnen eine fehlende Transparenz und Berechenbarkeit eines juristischen Konzepts vorgeworfen.[76]

Problematisch ist zudem, dass es zunehmend zu schwierigen und langfristigen Umschuldungs- und Konversionsverhandlungen kommt. Es erscheint daher nicht verwunderlich, dass immer häufiger der Ruf nach einem international anerkannten Insolvenzverfahren für Staaten laut wird, so auch in jüngster Vergangenheit im Zuge der Schuldenkrise der EWU.

In den neunziger Jahren des zwanzigsten Jahrhunderts kam erschwerend ein neues Problem hinzu. Infolge der Globalisierungswelle der internationalen Finanzmärkte wurde seither für viele Schwellenländer der Zugang zu den internationalen Finanz- und Kapitalmärkten eröffnet.[77] In der Folge kam es neben einem enormen Anstieg auch zu einer Veränderung in der Struktur der internationalen Kapitalflüsse in die Emerging-Market-Länder (EML). Während in den achtziger Jahren syndizierte Bankkredite als Finanzierungsinstrument von einer übersichtlichen Anzahl internationaler Großbanken die Kapitalflüsse in EML dominierten, wurden diese als Hauptfinanzierungsquelle geltenden Instrumente in den neunziger Jahren schnell von international emittierten und weltweit handelbaren Staatsanleihen verdrängt.[78] Folgender Tabelle 1 ist zu entnehmen, dass die Nettozuflüsse des privaten Sektors in Form von Anleihen in die EML zwischen 1990 und 1996 von 1,2 Mrd. auf 62,3 Mrd. USD angewachsen sind:

---

[74] Vgl. Deutsche Bundesbank (2003), S. 229
[75] Vgl. Club de Paris (Hrsg.), www.clubdeparis.org, 30.01.2011
[76] Vgl. Paulus, Prof. Dr. C.-G. (2009), S. 12
[77] Vgl. Karrer, A. (2002), S. 1
[78] Vgl. Berensmann, K. (2003a), S. 1

Tabelle 1: Struktur langfristiger Nettokapitalflüsse in EML, 1980-2001 (in Mrd. USD)

	1980	1985	1990	1995	1996	1997	1998	1999	2000	2001[a]
Gesamt	82,5	73,4	98,5	260,2	306,6	341,4	336,7	271,8	261,1	196,5
Öffentliche Kapitalflüsse	32,6	40,7	55,9	54,1	30,3	40,7	53,4	47,4	35,3	36,5
Private Kapitalflüsse	41,1	21,8	42,6	206,1	276,2	300,7	283,3	224,4	225,8	160,0
Private Schuldtitel	–	21,8	15,7	63,3	96,5	98,1	89,4	5,6	8,2	-26,8
Davon: Anleihen[c]	1,1	6,0	1,2	30,7	62,3	49,6	40,9	29,5	16,9	9,5
Bankkredite	30,8	8,5	3,2	30,9	32,2	45,6	51,9	-23,3	-6,1	-32,3
Sonstige	9,2	7,5	11,4	1,7	2,1	2,9	-3,4	-0,5	-2,5	-4,0
Direktinvestitionen	9,1	11,8	24,5	106,8	130,8	172,5	178,3	184,4	166,7	168,2

a Langfristig bedeutet, dass die Kapitalflüsse eine Laufzeit von mehr als einem Jahr haben.
b Die Daten für 2001 sind vorläufig.
c Nähere Angaben über die Art der Anleihen fehlen zwar, aber aufgrund der geringen Markttiefe von Finanzmärkten in Entwicklungsländern ist davon auszugehen, dass die meisten Anleihen Staatsanleihen sind.
Quelle: Weltbank: Global Development Finance (1990), (1999) und (2002)

Quelle: Berensmann, K. (2003a), S. 2

Der Vorteil der Anleihe als Mittel der Geldaufnahme lag dabei neben der freien Handelbarkeit (Vgl. Kapitel 2.1, S. 5) vor allem in der Möglichkeit, eine sehr viel breitere Gläubigerbasis zu erschließen. Dies wiederum ermöglichte den EML neue Möglichkeiten in der Risikodiversifizierung.

Der hohe Anteil von privaten Schuldtiteln im Schuldenportfolio der Länder führte jedoch zu einem neuen Schuldenproblem. Erstens kam es infolge dieser Entwicklung in den neunziger Jahren gehäuft zu Zahlungsausfällen. Beispiele hierfür sind die Verschuldungskrise von Argentinien (2001/02), Asien (1997), Brasilien (1999), Mexiko (Tequilakrise 1994/95), Türkei (2000) und Russland (1998).[79] Diese Problematik wird auch aus Tabelle 1 ersichtlich: die Nettokapitalflüsse in die EML in Form von Anleihen gingen nach der Asienkrise 1997 erheblich zurück. Zweitens müssen im Falle des Zahlungsausfalls eines Staates im Gegensatz zu syndizierten Bankkrediten mit einer ungleich größeren Anzahl von Gläubigern einvernehmliche Lösungen zustande gebracht werden.[80] Dies ist jedoch aufgrund der ausgeprägten Gläubigerheterogenität mit erheblichen Koordinations- und Kollektivproblemen zwischen Gläubigern und Schuldner, aber auch den Gläubigern untereinander verbunden.[81]

---

[79] Vgl. z. B. Haldane, A.-G.; Penalver, A.; Saporta, V.; Song Shin, H. (2003), S. 9
[80] Vgl. Deutsche Bundesbank (2003), S. 233
[81] Vgl. Berensmann, K. (2003a), S. 1

Einrichtungen wie der Pariser und der Londoner Club sind für eine Umschuldung von Anleihen mit heterogener Gläubigerbasis jedoch nicht geeignet.[82] Daher ergibt sich eine institutionelle Schwäche hinsichtlich der Restrukturierung von Anleihen, was durch Tabelle 2 verdeutlicht wird:

Tabelle 2: Umschuldungsregimes

Gläubiger		Umschuldungsverfahren bei Schuldenkrisen	Ergebnisse
Staatliche Gläubiger	Entwicklungshilfekredite	Pariser Club, ad-hoc Schuldenerlasse (z. B. G7, 2005)	➢ Erholungsperioden ➢ Zeitliche Verschiebung von Zins- und Tilgungszahlungen ➢ in Sonderfällen teilweiser Schuldenerlass (Ägypten Indonesien, Irak, Polen,)
	Garantierte Handelskredite		
	Kredite internationaler Organisationen (z. B. IWF, Weltbank, Europäische Investitionsbank)		
Private Gläubiger	Bankkredite, syndizierte Kredite	Londoner Club	➢ Erholungsperioden ➢ Verschiebung von Zins- und Tilgungszahlungen, Herabsetzung des Kapitals oder der Zinsen
	Anleihen	kein geordnetes Verfahren	

Quelle: Eigene Darstellung in Anlehnung an Schäfer, H.-B. (2010), S. 4

Eine Etablierung eines entsprechenden Clubs für die Umschuldung von Anleihen souveräner Staaten kann allerdings aufgrund der Interessenlage der Gläubiger bei einer Umschuldung scheitern. Der einzelne Gläubiger ist im Vergleich zu den Beteiligten im Pariser und Londoner Club nicht grundsätzlich an weiteren Beziehungen mit dem Schuldnerland interessiert, sondern an der Befriedigung seiner Forderungen.[83] Aus dieser institutionellen Schwäche wird deutlich, dass die Verlagerung der Mittelaufnahme hin zu internationalen Anleihen im Falle von Zahlungsschwierigkeiten eines Staates zudem neuartige Probleme hinsichtlich der Schuldenregulierung aufgeworfen hat.

Im Zuge der Mexikokrise Ende 1994 wurde diese Problematik erstmals akut. Eine Zahlungseinstellung Mexikos konnte zwar mit finanziellen Hilfen des IWF und der USA abgewendet werden. Ein solches Vorgehen ist jedoch nicht beliebig wiederholbar, da die Gefahr einer Aushöhlung der Schuldner- und Gläubigermoral („Moral Hazard") zu

---

[82] Vgl. Busch, B.; Jäger-Amrozewicz, M.; Matthes, J. (2010), S. 22

groß würde, wenn jene im Krisenfall immer mit einem „Bail-Out" rechnen könnten. Die Moral-Hazard-Problematik wurde, bedingt durch die in großem Volumen vergebenen Finanzpakete des IWF im Zuge der Mexikokrise sowie der kurz darauf folgenden Asienkrise (1997), weiter verstärkt. Erst das Zahlungsmoratorium Russlands (1998) und die Zahlungseinstellung Argentiniens (Ende 2001) führten zu einem gewissen Umdenken.[84]

Vor diesem Hintergrund entwickelte Anne O. Krueger im Jahr 2001, zu jenem Zeitpunkt stellvertretende Generaldirektorin des IWF, einen Mechanismus zur Restrukturierung eines sich im Default befindlichen souveränen Schuldners und damit faktisch ein geordnetes Insolvenzverfahren auch für Staaten. Dieser als Sovereign Debt Restructuring Mechanism (SDRM[85]) bezeichnete Mechanismus stellte vor allem auch darauf ab, die heterogene Gläubigermenge zu koordinieren.[86] Der Vorschlag scheiterte jedoch nach einer kontroversen Diskussion auf einer Frühjahrstagung des IWF im April 2003 am Widerstand der USA sowie einiger großer Schwellenländer, die Missbrauchsrisiken befürchteten.[87]

Im Gegensatz dazu fand ein erstmals im Jahr 1996 von der Staatengemeinschaft G-10 unterbreiteter Vorschlag breite Resonanz.[88] Diese Resonanz wurde insbesondere von einer Gegenposition (zum IWF vertreten durch Anne O. Krueger), vertreten durch den ehemaligen Staatssekretär John Taylor vom US-amerikanischen Schatzamt, gestärkt, die sich seit April 2002 herausgebildet hatte.[89] Der Vorschlag bestand darin, bei der Emission von Anleihen so genannte Umschuldungsklauseln (Collective Action Clauses) in die Vertragsbestimmungen mit aufzunehmen.

---

[83] Vgl. Mayer, C. (2005), S. 454f.
[84] Vgl. Deutsche Bundesbank (2003), S. 233
[85] In diesem Vorschlag werden Analogien zu Paragraphen des US-amerikanischen Bankruptcy Code hergestellt, die sich auf private Schuld (Chapter 11) oder auf Gebietskörperschaften (Chapter 9) beziehen. Solche Analogien sind jedoch unvollständig, da es sich um souveräne Staaten handelt, die nicht aufgelöst und verkauft werden können und das Management nicht ausgewechselt werden kann. Vgl. hierzu auch Kapitel 2.1
[86] Vgl. diesbezüglich insbesondere die Ausführungen bei Krueger; A.-O. (2002)
[87] Vgl. Hefeker, C. (2006), S 12 f. Vgl. hierzu auch Deutsche Bundesbank (2003), S. 234
[88] Vgl. Deutsche Bundesbank (2003), S. 234
[89] Vgl. Hefeker, C. (2002), S. 685

Ziel der Implementierung dieser Klauseln ist es, im Falle einer Überschuldungskrise eines Staates zu einer geordneten und schnellen Einigung im Rahmen der Schuldenrestrukturierung, insbesondere von Staatsanleihen, beizutragen.[90] Auch sollen dabei die privaten Halter von Staatsanleihen mit einer Beteiligung am Schuldenrestrukturierungsprozess Einbußen ihres Investitionswertes hinnehmen müssen.[91]

Im Zuge dessen und aufgrund vieler im öffentlichen Sektor und an den Kapitalmärkten geführten Diskussionen über die Verwendung von CACs und deren Ausgestaltung emittierte Mexiko im Februar 2003 als bedeutendes EML Anleihen mit großem Volumen unter New Yorker Recht und CACs als integrativem Bestandteil und führte damit zu einem Wendepunkt in der Implementierung von CACs auf internationaler Ebene (Vgl. Kapitel 4.8).

Die jüngste Diskussion im Zuge der Schuldenkrise in der EWU, insbesondere der so genannten PIIGS-Staaten, um die Implementierung eines internationalen Insolvenzverfahrens für Staaten sowie der bereits gefasste Beschluss über die Einführung von CACs in alle Staatsanleihen der Eurozone, um eine Beteiligung der privaten Gläubiger an den Kosten eines Staatsbankrottes zu gewährleisten, sind daher bereits aus der Historie bekannt und somit für die Märkte kein neues Phänomen. Der Unterschied besteht jedoch darin, dass solche Klauseln in den Industrienationen im Gegensatz zu EML bis heute kaum Anwendung finden. Zurückzuführen ist dies auf den Glauben der Märkte bis vor dem Ausbruch der EWU-Schuldenkrise, dass jene Nationen nicht in einen Staatsbankrott geführt werden können.[92]

---

[90] Vgl. IMF (2003), S. 37f..Vgl. hierzu außerdem Karrer, A. (2002), S. 3
[91] Vgl. G-10 (1996), S. 18ff.
[92] Vgl. Szigetvari, A., www.derstandard.at/1289609149086, 30.11.2010

3. Einbindung privater Gläubiger in die Bewältigung staatlicher Verschuldungskrisen

3.1 Einbindung privater Gläubiger: Überblick ausgewählter Ansätze

Die Einbindung privater Gläubiger in die Bewältigung von Verschuldungskrisen Souveräner wird in der Literatur auch als „Bail-In" der Privaten bezeichnet.[93] Im Rahmen dieser Studie werden unter den Begriff „private Gläubiger" vor allem private Banken sowie private und institutionelle Anleger, wie z. B. Pensionsfonds und Hedgefonds, bis hin zu privaten Kleinanlegern subsumiert.

Bei der Einbindung privater Gläubiger ist grundsätzlich zwischen Ansätzen zur Prävention und solchen zur Bewältigung von staatlichen Verschuldungskrisen zu differenzieren. Tabelle 3 gibt einen Überblick über einige ausgewählte Ansätze.

Die Trennlinie kann dabei jedoch nicht immer eindeutig gezogen werden, da einige der Instrumente sowohl der Prävention als auch der Bewältigung dienen. Eine Unterscheidung erscheint dennoch als wichtig, da somit das mit den verschiedenen Instrumenten im Fokus stehende Ziel zum Ausdruck kommt und jene entsprechend etabliert werden können, noch bevor eine Krise ausgebrochen ist.[94] CACs stellen bei diesen Ansätzen, neben einem internationalen Insolvenzverfahren für Staaten (SDRM), das wichtigste Instrument für die Einbindung privater Gläubiger in die Bewältigung von Verschuldungskrisen souveräner Staaten dar.

---

[93] Vgl. Berensmann, K. (2003b), S. 1
[94] Vgl. Berensmann, K. (2003b), S. 9

Tabelle 3: Ansätze zur Einbindung privater Gläubiger in die Prävention und Bewältigung staatlicher Verschuldungskrisen

Ansatz	Inhalt und Ziel	Prävention	Bewältigung
Code of Conduct (freiwilliger Verhaltenskodex)	Er umfasst eine Reihe von Verhaltensweisen für alle betroffenen Marktteilnehmer (Schuldner, Gläubiger, öffentlicher Sektor) sowohl für den Zeitraum vor als auch nach einer Verschuldungskrise. Hierzu zählen z. B. ein frühzeitiger und regelmäßiger Dialog zwischen Gläubigern und Schuldner, Transparenz der Informationen für alle Beteiligten sowie eine faire Gläubigerrepräsentation und deren Gleichbehandlung.	X	
vorsorgliche Kreditlinien (Contingent Credit Lines)	Bei vorsorglichen Kreditlinien handelt es sich um Kreditlinien, die ex ante öffentlichen oder privaten Finanzinstitutionen in EML vom privaten Sektor bereitgestellt werden, auf die die betroffenen Institutionen bei einer drohenden Krise ohne weitere Verhandlungen zurückgreifen können. Primäres Ziel ist es, damit Krisen bereits im Vorfeld vorzubeugen. Solche Kreditlinien können auch von öffentlichen Institutionen bereitgestellt werden. Der IWF führte im Jahr 1999 bspw. ein Konzept zur Bereitstellung solcher Kreditlinien ein. Dieses fand in der Praxis jedoch kaum Anwendung. Es wurde daher im Jahr 2003 wieder deaktiviert.	X	
Dialogforum zwischen Gläubigern und Schuldner	Zielt auf die Förderung eines intensiven Dialogs zwischen Gläubigern und Schuldner ab, um Informationsdefizite über die wirtschaftliche Lage aller Beteiligten zu minimieren und die Transparenz zu erhöhen.	X	
internationales Insolvenzverfahren für Staaten (SDRM)	Dient der Schaffung eines rechtlichen Rahmens, in dem Verhandlungen zwischen den Beteiligten geführt werden und Ergebnisse in einem fairen und transparenten Verfahren erzielt werden können, um letztlich eine geordnete Abwicklung eines Staatsbankrottes zu ermöglichen. Ein solcher Vorschlag wurde erstmals im Jahr 2001 von Anne O. Krueger unterbreitet (Vgl. Kapitel 2.2.3).		X
Collective Action Clauses (Kollektivklauseln/ Umschuldungsklauseln)	CACs sind eine Reihe unterschiedlich ausgestalteter Einzelklauseln, die ex ante in die Anleihebedingungen von Staatsanleihen aufgenommen werden. Sie ermöglichen es u. a. einer Gläubigermehrheit, Änderungen der Anleihebedingungen zu beschließen, die für alle Gläubger rechtswirksam bindend sind (Vgl. Kapitel 4).		X
Ausstiegsvereinbarungen (Exit Consents)	Ermöglichen es im Rahmen einer Umstrukturierung von Staatsanleihen für den Fall eines dabei unterbreiteten Tauschangebotes, d. h. für einen Tausch von alten Anleihen in neue Anleihen, einer einfachen Mehrheit mit der Zustimmung des Schuldners nicht finanzielle Anleihebedingungen zu ändern. Dies kann z. B. ein Ausschluss der alten Anleihen vom Börsenhandel sein, womit die Liquidität dieser beeinträchtigt wird und es damit nahezu zwangsläufig zu einem Kursverlust kommt. Ziel ist es damit, die nicht umschuldungswilligen Anleihegläubiger schlechter zu stellen, wenn sie das Tauschangebot ablehnen, bedingt durch den Glauben, auf diese Weise Verluste abwenden zu können. Zudem sollen jene zu einer Beteiligung am Restrukturierungsprozess motiviert werden.		X

Quelle: Eigene Zusammenstellung auf Basis von Berensmann, K. (2003a), Berensmann, K. (2003b), IMF (Hrsg.), www.imf.org/external, 20.02.2011 und Paulus, Prof. Dr. C.-G. (2009)

3.2 Gründe für die Einbindung privater Gläubiger

In der Literatur werden für die Einbindung privater Gläubiger in Form von CACs primär drei Gründe genannt.

Gerechte Lastenverteilung Der erste Grund resultiert aus der Forderung nach einer gerechten Lastenverteilung zwischen den privaten und den öffentlichen Gläubigern (burden sharing). Unter gerechter Lastenverteilung wird dabei verstanden, dass alle Gläubiger die Lasten einer Umstrukturierung der Schulden oder eines Schuldenerlasses im Verhältnis zur Höhe ihrer Verbindlichkeiten tragen sollen. Dadurch werden ihre Anreize gestärkt, bei der Kreditvergabe eine vorsichtige Risikoabwägung zu treffen und so Krisen im Vorhinein zu verhindern. Eine Nicht-Einhaltung dieses Gleichbehandlungsgrundsatzes erhöht die Gefahr eines Trittbrettfahrerverhaltens einzelner Gläubiger (Vgl. Kapitel 3.3.1.3).[95]

Heterogenität in der Gläubigerstruktur Ein weiterer Grund für die Einbindung privater Gläubiger resultiert aus dem in den neunziger Jahren des zwanzigsten Jahrhunderts stattfindenden Wandel in der Struktur der internationalen Kapitalflüsse, was bereits in Kapitel 2.2.3 ausführlich dargestellt wurde. Dabei wurde verdeutlicht, dass in den achtziger Jahren syndizierte Bankkredite Hauptfinanzierungsquelle, insbesondere für EML, darstellten. Aufgrund der Tatsache, dass solche Kredite von wenigen internationalen Großbanken vergeben werden, erwies sich eine Absprache dieser im Krisenfall als möglich.[96] Zahlungsschwierigkeiten eines Souveräns konnten oft leichter durch Umschuldung und Abschreibung dieser Kredite aufgelöst werden.[97] Da in den neunziger Jahren allerdings internationale Anleihen für Souveräne als Mittel der Geldaufnahme an Bedeutung gewonnen haben, sehen sich Staaten mit Zahlungsschwierigkeiten heute oft einer sehr breiten, heterogenen Gläubigerbasis gegenüber. Dies führt bei einer Schuldenrestrukturierung im Falle eines Defaults zu erheblichen Koordinations- und Kollektivproblemen zwischen Gläubigern und Schuldner, aber auch den Gläubigern untereinander, die im Folgenden noch näher zu erläutern sind (Vgl. Kapitel 3.3).

---

[95] Vgl. Berensmann, K. (2003b), S. 2
[96] Vgl. Busch, B.; Jäger-Ambrozewicz, M.; Matthes, J. (2010), S. 22
[97] Vgl. Berensmann, K. (2003b), S. 4

Daher scheint es von entscheidender Bedeutung zu sein, über einen geordneten Rahmen für die Umstrukturierung von Anleihen zu verfügen, der dieses Problem in der Lage zu lösen sein muss.

Gläubiger-Moral-Hazard Die Beteiligung privater Gläubiger an der Bewältigung staatlicher Verschuldungskrisen wird ferner damit begründet, dass dies Moral-Hazard-Verhalten seitens der Gläubiger entgegenwirkt und so eine Stabilisierung der internationalen Finanzmärkte erreicht werden kann.[98]

Moral Hazard bezeichnet dabei die Gefahr nachlassender „moralischer Haltung" sowie Verhaltensänderung zum Nachteil des Vertragspartners, sobald ein Kontrakt abgeschlossen ist, verursacht durch Egoismus (Nachlässigkeit) und ermöglicht durch Informationsasymmetrie (diskretionären Handlungsspielraum).[99] Demnach sind Moral-Hazard-Risiken Verhaltensrisiken.

Gläubiger-Moral-Hazard kann bspw. entstehen, wenn Investoren bei ihren Investitionsentscheidungen Risiken nur ungenügend berücksichtigen, bedingt durch die Erwartung öffentlicher Finanzierungshilfen im Krisenfall, z. B. durch den IWF oder im Falle der EWU-Schuldenkrise durch die Mitgliedsländer.[100] Jene rechnen insofern vorab damit, im Falle eines Defaults wenige oder sogar keine effektiven Verluste zu beklagen. „Investor moral hazard is when creditors lend without due regard to the risks, in anticipation of being able to exit without losses courtesy of multilateral assistance."[101] Aufgrund dieser impliziten Bail-Out-Erwartung haben private Investoren einen geringeren Anreiz, ihre Kreditvergabe sorgfältig zu überprüfen und nur solventen Schuldnern Kredite zu gewähren. Daneben findet im Falle eines „Bail-Outs" der privaten Gläubiger zudem ein Umverteilungstransfer von den Steuerzahlern des Krisenlandes hin zu den internationalen Investoren statt.

Insbesondere im Zusammenhang mit der Asien-, der Brasilien-, der Mexiko- und der Russlandkrise wurde die Kritik geäußert, der IWF sowie andere öffentliche Finanzinsti-

---
[98] Vgl. Crockett, A. (1999), S. 1f.
[99] Vgl. Spremann, K. (1996), S. 112
[100] Vgl. Roubini, N. (2000), S. 25
[101] Eichengreen, B. (2000), S. 15

tutionen hätten zu hohe Geldbeträge zur Krisenbewältigung eingesetzt und damit Moral Hazard privater Gläubiger gefördert. Folgender Tabelle 4 ist zu entnehmen, dass insgesamt während eines Zeitraums von nur 16 Monaten Mittel in Höhe von 181,3 Mrd. USD bereitgestellt wurden. Damit wurde die Summe bisheriger Hilfspakete, mit Ausnahme von Mexiko[102], weit übertroffen.

Tabelle 4: Umfang öffentlicher Finanzhilfen, Juli-Oktober 1998 (in Mrd. USD)

	IWF	Multilateral[1]	Davon: Weltbank	Bilateral[2]	Gesamt
Indonesien (1997)	11,2	10	5,5	26,1	42,3
Korea (1997)	20,9	14	10	23,3	58,2
Thailand (1997)	4	2,7	1,5	10,5	17,2
Russland (1998)	11,2	1,5	1,5	9,9	22,6
Brasilien (1999)	18	9	4,5	14,5	41
Summe	**65,3**	**37,2**	**23**	**84,3**	**181,3**

[1] Weltbank, Asiatische Entwicklungsbank und Inter-Amerikanische Entwicklungsbank
[2] Hier fehlen genauere Angaben über die Kreditgeber.

Quelle: Eigene Darstellung in Anlehnung an Berensmann, K. (2003b), S. 6

3.3 Probleme bei der Einbindung privater Gläubiger bei der Schuldenrestrukturierung

3.3.1 Koordinationsprobleme zwischen den Gläubigern

Koordinationsprobleme zwischen privaten Gläubigern können auftreten, wenn sich diese nach Eintreten eines Defaults eines souveränen Schuldners im Rahmen einer Umstrukturierung[103] von Schulden koordinieren müssen (Collective Action Problem). Dabei verhindern solche Koordinationsprobleme häufig geregelte, kostengünstige und

---
[102] Die finanzielle Hilfe internationaler Organisationen für Mexiko 1994 betrug insgesamt 51,6 Mrd. USD. Der IWF gewährte dabei Kredite in Höhe von 17,8 Mrd. USD. Vgl. Berensmann, K. (2003b), S. 6
[103] Im weiteren Verlauf der Studie werden die Begriffe „Umstrukturierung", „(Schulden-)Restrukturierung" und „Umschuldung" synonym verwendet. Primäres Ziel ist dabei die nachhaltige Wiederherstellung der Zahlungsfähigkeit des souveränen Schuldners, wobei jener die Gläubiger bei einer typischen Umschuldung dazu zwingt, eine Streckung der Rückzahlung zu akzeptieren sowie üblicherweise auch Zugeständnisse hinsichtlich der Höhe der Zinsen - in Relation zu den Marktzinsen - zu machen. Vgl. Reinhart, C.-M.; Rogoff, K.-S. (2010), S. 118

schnelle Lösungen insbesondere bei der Restrukturierung von Staatsanleihen, welche heutzutage den größten Teil der Staatsschulden ausmachen.[104]

Zurückzuführen ist diese Koordinationsproblematik auf die mit Anleihen verbundene Heterogenität in der Gläubigerstruktur (Vgl. Kapitel 2.2.3 sowie Kapitel 3.2). Dies bedeutet gleichzeitig, dass die Anleihegläubiger zudem meist anonym und daher auch nur schwer identifizierbar sind. Daraus abgeleitet entsteht ein weiteres Problem, welches auch als Gläubigervertretungsproblem tituliert wird (Collective Representation Problem). Es bezeichnet die Schwierigkeit, eine Versammlung zwischen einer hohen Anzahl anonymer und sich nicht in Reichweite des Schuldners befindlicher Gläubiger und dem Schuldner einzuberufen und abzuhalten.[105]

Im Gegensatz dazu ist die Anzahl der Gläubiger bei international vergebenen Bankkrediten um ein Vielfaches geringer (Vgl. Kapitel 3.2). Solche Kredite werden i. d. R. von einer kleinen Gruppe von Banken (Banksyndikaten) vergeben, welche in vielen Ländern gemeinsam Kredite gewähren. Aufgrund dessen besteht eine Abhängigkeit dieser voneinander, sodass hier ein größerer Anreiz besteht, sich kooperativ zu verhalten, um eine Umschuldung möglichst schnell und problemlos durchzuführen.[106] Daher ist die Koordinationsproblematik zwischen den Gläubigern von Staatsanleihen stärker ausgeprägt als bei Kreditverträgen.

Wie bei anderen Marktexternalitäten tritt das Collective Action Problem auf, wenn Differenzen zwischen dem individuellen (privaten) und dem kollektiven (sozialen) Gewinn, der mit einer bestimmten Handlungsoption verbunden ist, besteht.[107] Der Anleihegläubiger sieht sich dabei mit einem klassischen Gefangenendilemma konfrontiert. Für jeden Anleihehalter ist es rational im Falle eines Defaults seine Forderungen gegenüber dem Schuldner gerichtlich einzuklagen. Allerdings wird nur der Anleihegläubiger, der zuerst den Rechtsweg einschlägt, diese wahrscheinlich auch in vollem Umfang zurückbekommen. Jeder Gläubiger wird daher versuchen dem anderen zuvorzukommen.

---

[104] Vgl. Berensmann, K. (2003b), S. 7
[105] Vgl. Dixon, L.; Wall, D. (2000), S. 142f.
[106] Vgl. Berensmann, K. (2003b), S. 8
[107] Vgl. Dixon, L.; Wall, D. (2000), S. 143

Jeglicher daraufhin entstehende „Panikverkauf"[108] wird den Kurs der betreffenden Anleihe insgesamt sinken lassen und damit zu einem Wertverlust bei allen Anleihehalten führen. Dies bedeutet, dass infolge dieses individuellen Verhaltens alle Investoren letztlich weniger an monetären Mitteln aus der Restrukturierung erlangen, als wenn sie miteinander kooperieren würden.[109] Daneben ist es für private Gläubiger schwierig eine Begleichung ihrer Forderungen über eine Klage gegen den Staat zu erlangen, da dieser häufig wenig wertvolle und liquide Aktiva besitzt, um den Gläubiger zu entschädigen. Darüber hinaus ist ein Gerichtsprozess gegen den Staat für einen Gläubiger relativ zeitintensiv und ein Staat vor Gericht gegenüber dem privaten Gläubiger zudem besser geschützt ist.[110]

Die im Rahmen einer Restrukturierung von Anleihen vor allem auftretenden Koordinationsprobleme des kollektiven Handelns zwischen den privaten Gläubigern sind der Rush to the Exit, der Rush to the Court House und das Freerider- / Holdout-Problem.

3.3.1.1 Rush to the Exit

Mit dem Rush to the Exit wird jenes Verhalten beschrieben, wenn Gläubiger aus der Befürchtung heraus, dass der Schuldner in eine Verschuldungskrise gerät, versuchen, ihre Forderungen möglichst schnell zu veräußern.[111]

Haben viele Gläubiger diese Befürchtung und verkaufen in einer panikartigen Form ihre Anleihen, wird es als Folge dieses spekulativen Verhaltens zu einem Wertverlust der Anleihe insgesamt kommen und die auf dem Sekundärmarkt gehandelten Anleihen werden mit einem Preisabschlag bewertet. Dies führt wiederum zu einem Ansteigen der Risikoprämien und somit zu erhöhten Kreditfinanzierungskosten des Schuldners. Daneben führt auch das größere Angebot von Anleihen des Schuldners auf dem Markt zu einem negativen Preisdruck. Letzteres wird durch das Verhalten der Gläubiger bedingt, die ihre Forderungen so schnell wie möglich zu veräußern versuchen, wobei für den

---

[108] Der Preis bei solchen „Panikverkäufen" ist ein weitaus geringerer Preis als der Marktpreis eines Wertpapiers, den der Verkäufer akzeptieren muss, wenn er seine Positionen ad-hoc veräußern möchte.
[109] Vgl. Dixon, L.; Wall, D. (2000), S. 143
[110] Vgl. Berensmann, K. (2003b), S. 8
[111] Vgl. Berensmann, K. (2003b), S. 8

einzelnen Gläubiger dieses Verhalten rational ist, um einen Wertverlust der Anleihen vorzubeugen, wenn sie ihre Forderungen so früh wie möglich und noch vor den anderen Gläubigern veräußern.

Für den Schuldner können die steigenden Kreditkosten allerdings bedeuten, dass sich seine finanzielle Lage derart verschlechtert, dass der Betroffene in eine Schuldenfalle gerät und es im Falle von Staaten zu einer Verschuldungskrise kommt.[112]

3.3.1.2 Rush to the Court House

Der Rush to the Court House wird in der Literatur häufig auch als „Grab Race" bezeichnet. Er beschreibt die Situation, wenn für den einzelnen Gläubiger Anreize bestehen, seine Forderung gegenüber dem Schuldner gerichtlich durchzusetzen. Die Anreize können dabei aus zwei Gründen resultieren. Zum einen befürchten Anleger zu spät zu reagieren und wollen als erste Gläubiger ihre Klagen durchsetzen, um vermeintlich verbleibende Aktiva zu erhalten. Werden die Gläubiger vorrangig bedient, resultiert der Anreiz daraus, ihre Forderungen über diesen Weg gegenüber dem Schuldner geltend machen zu wollen.[113] Versuchen viele Gläubiger ihre Forderungen gerichtlich durchzusetzen, führt dies zu einem Wertverlust umlaufender Anleihen insgesamt. Dabei reicht lediglich die Androhung einer Klage, um negative Auswirkungen auf den Wert der betreffenden Anleihe zu haben. In solch einem Fall würde ein koordiniertes Handeln der Gläubiger die zu erwartende Wertminderung der Anleihe eines sich im Default befindlichen Staates verringern.[114]

3.3.1.3 Freerider- / Holdout-Problem

Das Problem eines Trittbrettfahrerverhaltens (Freerider-Problem) von Gläubigern entsteht durch das rationale Verhalten sich nicht an einer Umschuldung von Anleihen zu beteiligen, um im Anschluss an den Umschuldungsprozess die Forderung gegenüber dem Schuldner über den Rechtsweg in vollem Umfang geltend zu machen.

---

[112] Vgl. Berensmann, K. (2003b), S. 8
[113] Vgl. Berensmann, K. (2003b), S. 8
[114] Vgl. Berensmann, K. (2003b), S. 8. Vgl. hierzu außerdem Dixon, L.; Wall, D. (2000), S. 143

Der Anreiz für die Gläubiger resultiert dabei daraus, dass bei einer Beteiligung an der Umschuldung üblicherweise eine Wertminderung der Forderung entsteht und die Gläubiger Wertverluste hinnehmen müssen.[115] Dadurch kann allerdings eine Umschuldung, welche für die Mehrheit von Gläubigern vorteilhaft wäre, von einer Minderheit (Trittbrettfahrer) blockiert werden. Eine geregelte und schnelle Lösung des Umschuldungsprozesses wird damit verhindert.[116]

Abbildung 3: Der Fall Elliott Associates

Ein häufig herangezogenes Beispiel für das Trittbrettfahrerverhalten ist der Fall „Elliott Associates" gegen Peru aus dem Jahr 1996. Der Investor Elliott Associates hatte peruanische Schuldpapiere im Wert von 20 Mrd. USD auf dem Sekundärmarkt verbilligt erworben und sich der von Peru angebotenen Umschuldung widersetzt. Um zu verhindern, dass der Restrukturierungsprozess mit den anderen Gläubigern durch ein Klagerechtsverfahren von Elliott blockiert und damit in Gefahr geriet, entschloss sich der peruanische Staat zu einem Vergleich. Elliott Associates konnte auf diese Weise eine Zahlung von 56 Mrd. USD erstreiten, womit er einen wesentlich größeren Anteil seiner Forderungen realisieren konnte im Gegensatz zu allen anderen an den Umschuldungsverhandlungen teilnehmenden Gläubigern.

Quelle: Eigene Zusammenstellung auf Basis von Berensmann, K. (2003b), S. 9, Hefeker, C. (2002), S. 686 und Zanker, B. (2004), S. 2f.

Das Holdout-Problem stellt eine Variante des Freerider-Problems dar. Dieses entsteht, wenn ein Schuldner im Rahmen einer Restrukturierung von Anleihen ein Umtauschangebot unterbreitet. Getauscht wird dabei die alte, sich im Default befindliche, Anleihe in eine neue Anleihe, die im Gegensatz jedoch einen geringeren Nominalwert besitzt, der alten Anleihe aber gleichrangig ist.[117] In diesem Fall wird ein rational handelnder Gläubiger darauf hoffen, dass alle anderen Gläubiger auf einen Teil ihrer Rückzahlung verzichten, um den Restrukturierungsprozess nicht unnötig zu verlängern. Er selbst besteht jedoch auf die Rückzahlung seiner Forderung in vollem Umfang. Nimmt eine ausreichende Anzahl an Gläubigern das Tauschangebot an und verzichtet somit auf einen Teil der Rückzahlung, ist es für den rational handelnden Gläubiger vorteilhaft, das Tauschangebot abzulehnen, da die Restrukturierung auch ohne sein Handeln erfolgreich ist. Das Holdout-Problem führt demnach dazu, dass Anleihegläubiger grundsätzlich eine Ablehnung einer Restrukturierung präferieren.[118]

---

[115] Vgl. Busch, B.; Jäger-Ambrozewicz, M.; Matthes, J. (2010), S. 22f. oder Vgl. Berensmann, K.; Herzberg, A. (2007), S. 1f.
[116] Vgl. Berensmann, K. (2003b), S. 9
[117] Vgl. Winkeljohann, N.; Wohlschlegel, A.; Dorenkamp, A. (2005), S. 564
[118] Vgl. Vogel, Prof. Dr. H.-G. (2010), S. 4

Um diesem Problem zu entgehen, sollten die im Zuge des Umtausches angebotenen Anleihen vorrangig gegenüber den alten sein. Bedingt dadurch wird es für den Gläubiger weniger vorteilhaft das Tauschangebot abzulehnen. Nimmt in diesem Fall eine ausreichende Anzahl an Gläubigern das Tauschangebot an, wird der einzelne Gläubiger bei Ablehnung schlechter gestellt, da jener bei Ablehnung Gefahr läuft, eine nachrangige Forderung zu halten, die sich bei einem möglichen Zahlungsausfall des Schuldners als Totalverlust erweisen könnte.[119]

Eine Steigerung des Holdout-Problems sind so genannte „Vulture Investors" oder „Rogue Creditors". Diese kaufen meist zu einem sehr niedrigen Preis (weit unter pari) unrestrukturierte Anleihen auf dem Sekundärmarkt und versuchen in Absicht einer Renditemaximierung eine Bedienung zu alten Anleihekonditionen gerichtlich durchzusetzen.[120]

3.3.2 Koordinationsproblem zwischen Gläubigern und Schuldner

Ein weiteres Koordinationsproblem im Rahmen einer Schuldenrestrukturierung resultiert aus der Interaktion zwischen Gläubigern und Schuldner. Der Staat als Schuldner ist aufgrund seiner innenpolitischen Verantwortung nicht bestrebt, sein „wahres" Zahlungsvermögen zu offenbaren. Die Gläubiger dagegen versuchen das Maximum ihrer Forderungen zu erlangen und haben deshalb nur einen geringen Anreiz sich auf einen Minimalhandel mit dem Schuldner einzulassen. Das daraus resultierende Verhandlungsspiel zwischen Schuldner und Gläubigern findet demnach unter unvollständigen Informationen statt und kann daher zu Ineffizienzen im Ergebnis führen.[121] Die Ineffizienzen beruhen dabei nicht nur auf den optimalen Angeboten von Gläubigern und Schuldner, sondern auch auf der Annahme dieser über die zu erwartende Rendite.

Eine sehr breit gestreute, anonyme Gläubigerstruktur kann ferner das Koordinationsproblem zwischen Gläubigern und Schuldner verstärken.[122] Je heterogener die Gläubiger, umso unterschiedlicher werden die Interessen und Erwartungen dieser im Hinblick

---

[119] Vgl. Winkeljohann, N.; Wohlschlegel, A.; Dorenkamp, A. (2005), S. 564
[120] Vgl. Andritzky, J.-R. (2004), S. 3f.. Vgl. hierzu auch Speyer, B. (2003), S. 5
[121] Vgl. Haldane, A.-G.; Penalver, A.; Saporta, V.; Song Shin, H. (2003), S. 11
[122] Vgl. Haldane, A.-G.; Penalver, A.; Saporta, V.; Song Shin, H. (2003), S. 23

auf die Restrukturierung sein. Damit würde zum einen die Koordinationsproblematik zwischen den Gläubigern erhöht. Zum anderen ist es schier unmöglich alle Gläubiger gleichzeitig in eine Gläubigerversammlung einzuberufen. Als Folge hieraus wird im Rahmen der Restrukturierung gleichzeitig die Koordination zwischen Gläubigern und Schuldner erschwert. Die Gefahr von Ineffizienzen nimmt entsprechend zu.[123]

Um das Problem solcher Ineffizienzen zu lösen, könnte eine dritte Partei einberufen werden, die als „Kommunikationskanal" zwischen Gläubigern und Schuldner agiert.[124] Eine solche Funktion könnte bspw. von einem Treuhänder, einem Insolvenzgericht oder einer im Rahmen eines SDRM einberufener Institution wahrgenommen werden. Keiner dieser Repräsentanten hätte jedoch das Recht noch die Autorität alle Anleihegläubiger an jeglichen Vorschlag zu binden. Ihre Autorität würde mit der Einberufung der Gläubigerversammlung erlöschen, vorausgesetzt sie würde nicht von den Gläubigern erweitert.

Im Folgenden wird verdeutlicht, dass sich bereits Klauseln als integrativer Bestandteil von (Staats-)Anleihen etabliert haben, die nicht nur die Berufung eines solchen Repräsentanten erlauben, sondern auch weitere Probleme, die bei der Einbindung privater Gläubiger in einen Restrukturierungsprozess auftreten können, eindämmen.

---

[123] Vgl. Haldane, A.-G.; Penalver, A.; Saporta, V.; Song Shin, H. (2003), S. 22ff.
[124] Vgl. Liu, Y. (2002), S. 17

4. Collective Action Clauses

Collective Action Clauses sind zusammengefasst eine Reihe von verschiedenen Einzelklauseln unterschiedlichster Ausgestaltung, die integrativer Bestandteil in Anleiheverträgen zwischen einem souveränen Schuldner und einem privaten Gläubiger sind.[125] Sie entfalten ihre Wirkung erst dann, wenn sich der Schuldner in einem Default befindet. CACs haben keinen Einfluss auf die Tragfähigkeit oder Nichttragfähigkeit der Schulden eines Staates. Es sind Klauseln, die nicht den Inhalt der Restrukturierung bestimmen, sondern lediglich einen geordneten Rahmen schaffen, in dem der Inhalt der Restrukturierung von den Vertragsparteien ausgehandelt werden kann.[126]

CACs unterstützen drei unterschiedliche, aber eng miteinander verknüpfte Zielsetzungen, um einen geordneten, schnellen und weniger kostenintensiven Restrukturierungsprozess im Falle des Defaults eines Souveräns zu ermöglichen:

Sie eröffnen die Möglichkeit Vertragsbedingungen mit der Zustimmung einer Mehrheit der Anleihegläubiger rechtsverbindlich zu verändern, ohne dass eine Minderheit diesem Prozess entgegensteht.[127] Auf diese Weise soll insbesondere dem Freerider- / Holdout-Problem einer Gläubigerminderheit begegnet werden.[128] Daneben fördern diese Klauseln einen frühzeitigen Dialog sowie die Kommunikation und Koordination zwischen einem Souverän und seinen Gläubigern, aber auch zwischen den Gläubigern untereinander. CACs unterstützen weiter das Ziel gerichtliche Prozesse einzelner Gläubiger zu vermeiden respektive zu minimieren, welche die Restrukturierung blockieren und dadurch die Interessen der Gläubiger als Gruppe beeinträchtigen.[129]

---

[125] Vgl. Koch, E.-B. (2004), S. 1
[126] Vgl. Koch, E.-B. (2007), S. 58
[127] Vgl. Blankart, C.-B.; Fasten, E.-R. (2009), S. 54
[128] Vgl. Paulus, Prof. Dr. C.-G. (2009), S. 14
[129] Vgl. Koch, E.-B. (2004), S. 7

Durch eine Kombination von mehreren Klauseln können diese Zielsetzungen erreicht werden. Dabei existieren vier wichtige Einzelklauseln von CACs, denen eine besondere Bedeutung bei der Umstrukturierung von Staatsanleihen zukommt[130], plus zwei weiterer Klauseln (Initiation Clause, Aggregation Clause), welche den moderneren Formen der CACs zuzuordnen sind:

- **Majority Action Clause / Majority Enforcement Provision**
- **Non-Acceleration Clause**
- **Collective Representation Clause**
- **Sharing Clause**
- **Initiation Clause**
- **Aggregation Clause**

Einen Überblick über diese und weiterer im Rahmen der vorliegenden Studie relevante Einzelklauseln der CACs gibt Tabelle 5.

---

[130] Vgl. Dixon, L.; Wall, D. (2000), S. 143

Tabelle 5: Übersicht über die Einzelklauseln der Collective Action Clauses

Clauses and Provisions (Klauseln und Bestimmungen)	Inhalt und Ziel
Majority Restructuring	Eine qualifizierte Mehrheit - zumeist ist eine zweidrittel bis vierdrittel Mehrheit erforderlich - der Anleihegläubiger einer Anleiheklasse(-tranche) erhält das Recht, eine Änderung der Anleihebedingungen zu beschließen mit bindender Wirkung für alle anderen Anleihegläubiger, vor und nach einem Default. **Synonym:** Majority Action Clause, Majority Amendment Provision
Majority Enforcement	Berechtigt eine Gläubigermehrheit, eine Minderheit daran zu hindern, eine Klage gegen den Schuldner nach Eintreten eines Defaults, aber vor einer Restrukturierungsvereinbarung einzureichen. Dem individuellen Anleger wird es dadurch erschwert, ohne Zustimmung der Mehrheit einzelgängerisch und störend tätig zu werden. Dem Schuldner und einer qualifizierten Gläubigermehrheit wird die Gelegenheit gegeben, sich über die Restrukturierungsbedingungen zu einigen.
Disenfranchisement	Entzieht dem Schuldner die Beschlussfähigkeit und das Stimmrecht während eines Restrukturierungsprozesses, wenn die betroffene Anleihe in seinem Besitz ist oder unter seiner Kontrolle steht, direkt oder indirekt, um Manipulationen des Schuldners vorzubeugen.
Acceleration	Recht zur vorzeitigen Fälligstellung der Forderung des Gläubigers nach Eintreten eines Defaults.
Non-Acceleration	Recht der Rückgängigmachung einer vorzeitigen Fälligstellung nach Eintreten eines Defaults. **Synonym:** De-Accelarion Clause
Collective Representation	Fördert einen frühzeitgen Dialog zwischen Anleihegläubigern und Schuldner durch die Wahl eines Represänantenten der Gläubiger, der als Gesprächspartner für den Schuldner auftritt. **Synonym:** Engagement Clause
Sharing	Jegliche Erlöse aus Klageprozessen werden pro rata auf alle Anleihegläubigern aufgeteilt.
Initiation	Bestimmt eine „Cooling-off Period", in der Zahlungen aufgeschoben und ausgesetzt werden und ein Repräsentant der Gläubiger gewählt wird, um das Risiko einzelgängerischer Anleihegläubiger zu verringern.
Aggregation	Aggregiert die Forderungen aller Anleihegläubiger über alle Anleiheklassen(-tranchen) hinweg, um eine gemeinschaftliche Restrukturierung zu erwirken. **Synonym:** Super Collective Action Clause
Cross Default	Dient dem Schutz des Gläubigers vor Verzug des Schuldners und erlaubt die vorzeitige Fälligstellung der Forderung, wenn der Schuldner sich gegenüber einem Dritten im Verzug befindet oder anderen Verpflichtungen aus anderen Verschuldungsarten nicht fristgerecht und im vollen Umfang nachkommt.

Quelle: Eigene Zusammenstellung auf Basis von Blankart, C.-B.; Fasten, E.-R. (2009), Häseler, S.(2009), IMF (2002a), Liu, Y. (2002), und World Bank (2004)

4.1 Majority Action Clause

Unter den Einzelklauseln der CACs kommt der Majority Action Clause (Mehrheitsklausel) eine besondere Bedeutung zu. Sie ist die wichtigste der Einzelklauseln und die mit der größten Präsenz in der Diskussion um CACs in Anleiheverträgen Souveräner. Die Majority Action Clause wird auch als das Herzstück der Klauseln tituliert, da sie es einer qualifizierten Mehrheit oder Supermehrheit der Anleihegläubiger (der in einer Gläubigerversammlung repräsentierten Gläubiger) ermöglicht, über eine Minderheit hinweg die Anleihebedingungen zu verändern.[131] Die Änderung kann dabei sowohl die finanzielle Seite von Anleihen sowie nichtfinanzielle Anleihebedingungen betreffen (reserved und non-reserved Matters).[132] Darüber hinaus ist eine beschlossene Änderung für alle Anleiheinhaber innerhalb der gleichen Emission bindend (inbegriffen jener Gläubiger, die nicht anwesend sind), sowohl vor als auch nach Eintritt eines Defaults.[133] Zu den veränderbaren Eigenschaften zählen das Fälligkeitsdatum, die Höhe des Zinssatzes, die Höhe der Forderung („Haircut") und/oder die zugrunde liegende Währung, in der die Anleihe bedient wird.[134]

Welche Mehrheit respektive Prozentschwelle für eine Änderung der Vertragsbestimmungen erzielt werden muss, ist von Emission zu Emission verschieden. Beinhalten internationale Anleihen Majority Action Clauses, wird üblicherweise eine 75 Prozentschwelle des ausstehenden Kapitals gefordert.[135] Wird diese erforderliche Mehrheit nicht erreicht, so kann nach einer bestimmten Zeit – zumeist 20 Tage – ein erneutes Treffen anberaumt werden, auf dem nur noch eine 25 Prozentschwelle des ausstehenden Kapitals für einen bindenden Beschluss erreicht werden muss.[136] Dies bedeutet gleichzeitig, dass durchaus die Möglichkeit besteht, mit 18,75 Prozent der Stimmen in einer zweiten Gläubigerversammlung Änderungen der Anleihebedingungen mit bindender Wirkung für alle Anleihegläubiger zu beschließen, wenn die erste vertagt werden muss-

---

[131] Vgl. World Bank (2004), S. 59
[132] Vgl. Becker, T.; Richards, A.; Thaicharoen, Y. (2001), S. 3
[133] Vgl. World Bank (2004), S. 59
[134] Vgl. IMF (2002a), S. 4
[135] Vgl. Dixon, L.; Wall, D. (2000), S. 144
[136] Vgl. IMF (2002a), S. 5

te. Solche Grenzen finden sich bspw. in von Pakistan emittierten internationalen Anleihen.[137]

Um Manipulationen durch den Schuldner im Rahmen des Abstimmungsprozesses vorzubeugen, bestimmt darüber hinaus eine Disenfranchisement Clause, dass der Schuldnerstaat selbst kein Wahl- und Stimmrecht hat, wenn er oder eine direkt oder indirekt von ihm unter Kontrolle stehende Entität, wie z. B. ein öffentliches Unternehmen, Inhaber der eigenen Anleihen ist.[138]

Von der Majority Action Clause, die auch die Bezeichnung Majority Restructuring Provision (Umstrukturierungsklausel) trägt, ist die Majority Enforcement Provision (Vollstreckungsklausel) zu differenzieren. Bei dieser Klausel handelt es sich um eine zweite Art der CACs, die in Form von Mehrheitsklauseln in Anleiheverträge eingebunden werden.[139]

4.2 Majority Enforcement Provision / Non-Acceleration Clause

Die Majority Enforcement Provision berechtigt eine Gläubigermehrheit die Rechte einer Gläubigerminderheit nach Eintreten eines Defaults aber vor einer Restrukturierungsvereinbarung zu begrenzen. So kann bspw. eine Behinderung sowie eine zeitliche Verzögerung des Restrukturierungsprozesses vermieden werden, wenn einzelne Gläubiger nach dem Default bestrebt sind, ihre Forderung gegenüber dem Schuldner gerichtlich einzuklagen. Damit geben diese Bestimmungen dem Schuldner und einer qualifizierten Mehrheit der Anleihegläubiger die Gelegenheit sich über die Restrukturierungsbedingungen zu einigen.[140]

Daneben besitzen Anleihehalter im Falle eines Defaults üblicherweise das Recht ihre Forderungen sofort fällig zu stellen und die Rückzahlung vorzeitig zu verlangen (Acceleration Clause).[141] Dabei erfordern auf den internationalen Kapitalmärkten emittierte

---

[137] Vgl. Dixon, L.; Wall, D. (2000), S. 144
[138] Vgl. Szodruch, A. (2008), S. 228
[139] Vgl. Berensmann, K. (2003b), S. 26
[140] Vgl. Berensmann, K. (2003b), S.26. Vgl. hierzu auch World Bank (2004), S. 59
[141] Vgl. IMF (2002a), S. 11

Anleihen üblicherweise eine Mehrheit von 25 Prozent der ausstehenden Emission, um eine vorzeitige Fälligstellung der Forderung zu veranlassen.

Die meisten der emittierten Staatsanleihen eröffnen durch eine Non-Acceleration Clause als integrativem Bestandteil einer Mehrheit von Anleihegläubigern die Möglichkeit die vorzeitige Fälligstellung wieder rückgängig zu machen. Eine Rückgängigmachung erfolgt, sofern die Bedienung aller nicht erbrachten Zahlungsleistungen gewährleistet wird oder die Gläubiger auf diese Zahlungsleistungen ganz oder teilweise verzichten. Um eine solche Rücknahme tatsächlich durchzusetzen, ist üblicherweise eine Mehrheit aller Anleihegläubiger von 50 Prozent notwendig. Emissionen einiger Staaten beinhalten jedoch auch eine höhere Schwelle von 75 Prozent.[142]

Für einen souveränen Schuldner kann die Möglichkeit eine vorzeitige Fälligstellung durch kollektives Handeln der Anleihegläubiger wieder rückgängig zu machen, von besonderer Bedeutung sein, wenn jener eine Restrukturierung seiner Anleihen im Falle eines Defaults anstrebt.

Der Fall Ecuadors von 1999 stellt hierfür ein Beispiel dar. Im Zuge des Zahlungsausfalls von Ecuador im Jahr 1999 auf seine Bradyanleihen und Eurobonds wurde eine Serie von Bradyanleihen[143] („Discount Bonds") durch eine Mehrheit von 25 Prozent von deren Anleihehaltern vorzeitig fällig gestellt. Elf Monate später unterbreitete Ecuador ein Umtauschangebot für seine ausstehenden Bradyanleihen und Eurobonds, was für Ecuador eine bedeutende Maßnahme zur Entschuldung darstellte. Dieses Umtauschangebot war jedoch an die Bedingung der Aufhebung der vorzeitigen Fälligkeit geknüpft. Eine dafür erforderliche Mehrheit der Anleihegläubiger von 50 Prozent wurde erreicht und das Umtauschangebot somit angenommen. Auf diese Weise konnte sich

---

[142] Vgl. IMF (2002a), S. 11. Vgl. außerdem Liu, Y. (2002), S. 11 sowie Buchheit, L.-C.; Gulati, M.; Mody, A. (2002), S. 10

[143] Bei Bradyanleihen handelt es sich um Anleihen, die zur Restrukturierung von Bankkrediten von EML begeben werden. Dabei stellen Discount Bonds und Par Bonds die beiden Grundformen der Bradybonds dar. Benannt sind diese Anleihen nach dem ehemaligen US-Finanzminister Nicolas F. Brady und auf Basis der „Brady-Initiative" zur Entschuldung von EML aus dem 1989 entstanden. Vgl. o. V., www.finanz-lexikon.de/brady, 07.02.2011 sowie Deutsche Bank (Hrsg.), www.db.com/lexikon, 07.02.2011. Vgl. außerdem Deutsche Bundesbank (2003), S. 231f.

Ecuador der entmutigenden Rechtsstreitigkeiten entledigen und seine Entschuldung vorantreiben.[144]

4.3 Collective Representation Clause

Bedingt dadurch, dass die in Kapitel 4.1 und 4.2 dargestellten Mehrheitsklauseln eine Minderheit aller Anleihegläubiger daran hindern können, den Restrukturierungsprozess zu blockieren und somit zeitintensiv werden zu lassen, können diese Klauseln eine Umstrukturierung von Anleihen zwar vereinfachen. In Anbetracht der mit einer Anleihefinanzierung verbundenen hohen Anzahl an Gläubigern – meist anonym und mit heterogenen Interessen – erwachsen jedoch im Falle eines Defaults bei deren Restrukturierung weitere Probleme, die diese Mehrheitsklauseln alleine nicht in der Lage sind zu lösen.

Solche weitergehenden Probleme erwachsen im Zuge des Prozesses der Kontaktaufnahme des Schuldners mit einer breit gestreuten Gläubigerbasis sowie aus dem Prozess der Kontaktaufnahme der Gläubiger untereinander, welcher durch die Heterogenität der Gläubigergruppe stark erschwert wird und damit die Einberufung eines Gläubigertreffens insgesamt. Auch wird die Verhandlung selbst aufgrund dieser Heterogenität in der Gläubigergruppe stark erschwert. Im Ergebnis führt dies sehr wahrscheinlich zu einer erheblichen Zeitverzögerung mit der Folge der Verhinderung einer schnellen Verhandlungsaufnahme und -lösung.[145]

Darüber hinaus besteht die Gefahr, dass die Gläubiger einer Anleihe, die sich nicht im Default befindet, aus Vorsicht- oder Panikgründen, wenn der Schuldner die Restrukturierung aller Anleihen anstrebt, die vorzeitige Fälligstellung verlangen (Cross Default) und gerichtliche Schritte einleiten.[146]

Mit Hilfe der Representation Clause soll dieser Koordinations- und Kommunikationsproblematik begegnet werden. Sie soll die Einberufung eines repräsentativen Forums, in dem die Positionen der Gläubiger und des Schuldners vertreten sind, beschleunigen.[147]

---

[144] Vgl. Buchheit, L.-C.; Gulati, M.; Mody, A. (2002), S. 10f.. Vgl. auch Liu, Y. (2002), S. 12
[145] Vgl. IMF (2002a), S. 15
[146] Vgl. IMF (2002a), S. 15
[147] Vgl. Berensmann, K. (2003b), S. 27

Dies insbesondere durch eine so früh wie möglich initiierte Kommunikation aller Beteiligten. Die Bestimmungen der Representation Clause ermöglichen es daher die Anleihehalter aufzufordern einen Repräsentanten, wie bspw. einen Treuhänder[148] oder andere ausgewählte Anleihegläubiger in Gestalt eines Komitees, für Verhandlungen zu bestimmen.[149] Der Souverän als Schuldner wird dabei verpflichtet mit dem einzelnen Repräsentanten oder dem gewählten Gläubigerausschuss zu verhandeln.[150] Die Aufgabe des Repräsentanten respektive des Gläubigerkomitees besteht darin, einen „Kommunikationskanal" zwischen den Anleihehaltern untereinander sowie zwischen dem Schuldner und den Anleihehaltern zu etablieren.

Die Representation Clause als integrativer Bestandteil von Staatsanleihen begünstigt sowohl den Schuldner als auch die Anleihegläubiger. Der Schuldner profitiert dabei von der Möglichkeit einer Verkürzung des langwierigen Restrukturierungsprozesses, da er nicht mit allen Gläubigern verhandeln muss, sondern nur mit einem Vertreter der Gläubiger. Den Anleihegläubigern wiederum wird Gewissheit gegeben, dass ihre Interessen gewahrt und ihre Stimmen im Verhandlungsprozess gehört werden.[151]

Für den Schuldner ist es ferner von Bedeutung, dass Informationsasymmetrien als Folge einseitiger Verhandlungsführungen vermieden werden. Dies beruht auf der Tatsache, dass unvollständige Informationen die Gefahr bergen, dass nicht alle Gläubiger das erzielte Ergebnis annehmen. Ein solches Einverständnis ist jedoch erforderlich, um das grundsätzliche Ziel einer Umstrukturierung, den Schuldner wieder in eine langfristig tragfähige Schuldenlast zurückzuführen, zu erreichen.[152]

---

[148] Hierbei handelt es sich um die Bestellung eines trustee oder eines fiscal agent. Ein fiscal agent eignet sich dabei jedoch weniger als Verhandlungspartner, da er vom Schuldner bestimmt wird und dessen Interessen vertritt. Hingegen vertritt ein trsutee als Repräsentant ausnahmslos die Interessen der Anleger. Daher wird der trustee ohne deren Zustimmung oder ohne einen im Vorhinein festgelegten Rahmen keine Verhandlungen über Vertragsbestandteile führen, die die Rechte der Anleihegläubiger beschneiden.
[149] Vgl. Berensmann, K. (2003b), S. 27
[150] Vgl. Szodruch, A. (2008), S. 230
[151] Vgl. Liu, Y. (2002), S. 16f.
[152] Vgl. Walter, N. (2006), S. 364

4.4 Sharing Clause

Die Sharing Clause stellt eine Innovation des Marktes für syndizierte Kredite aus den siebziger Jahren dar. Syndizierte Kredite können daher für diese Klausel als Referenzrahmen herangezogen werden.[153] Zu diesem Zeitpunkt pflegten einige der Gläubiger von syndizierten Krediten eine fortlaufende Geschäftsbeziehung mit dem Schuldner. Daher befürchteten jene Gläubiger, die nicht in einer solchen Beziehung zum Schuldner standen, dass der Schuldner zuerst diejenigen Gläubiger bediente, mit denen er in einer guten Geschäftsbeziehung stand, um keinen Reputationsverlust zu erleiden. Zur Lösung dieses Problems wurden Bedingungen in die Verträge syndizierter Kredite aufgenommen, die bestimmten, dass Sonderzahlungen des Schuldners an einen oder mehrere Gläubiger sowie alle Erträge aus Klagen gegenüber dem Schuldner pro rata auf alle Gläubiger aufgeteilt werden.[154] Die Sharing Clause für Anleihen folgt diesem Prinzip.

Sie bewirkt eine pro rata Aufteilung jeglicher vom Schuldner an einen Gläubiger getätigter Zahlungen mit den anderen Gläubigern. Inbegriffen sind auch Erlöse im Falle eines erfolgreichen Prozesses eines Gläubigers aus frühzeitigen Vollstreckungen.[155]

4.5 Initiation Clause

Nach Eintreten eines Defaults eines Souveräns vergeht üblicherweise eine ungewisse Zeit, bis alle die für Anleihegläubiger relevanten Daten und Informationen vom Schuldner zur Verfügung gestellt werden. Auch vergeht eine ungewisse Zeit, bis die Gläubiger sich auf einen gemeinsamen Repräsentanten geeinigt oder ein Gläubigerkomitee gewählt haben, bevor der eigentliche Verhandlungsprozess beginnen kann. Während dieses Zeitraums besteht die Gefahr, dass einzelne, die nicht an den Verhandlungen teilnehmen wollen, vorzeitig gerichtliche Verfahren einleiten und dadurch den Verhandlungsprozess blockieren. Verstärkt wird dieses Problem zudem bei Anleihen, die eine Majority Restructuring Provision beinhalten, da in diesem Fall für solche opportunis-

---

[153] Vgl. Berensmann, K. (2003b), S. 27. Vgl. hierzu auch Buchheit, L.-C. (1998), S. 17
[154] Vgl. Berensmann, K. (2003b), S. 8. Vgl. hierzu zudem Buchheit, L.-C. (1998), S. 17
[155] Vgl. Berensmann, K. (2003b), S. 27

tisch handelnden Gläubiger lediglich vor Beginn des Restrukturierungsprozesses die Möglichkeit besteht gerichtlich gegen den Schuldner vorzugehen.

Die Initiation Clause bestimmt hier eine „Cooling-off Period" (Stillhaltezeitraum) für die Zeit zwischen Eintreten des Defaults des Souveräns und der Wahl eines Repräsentanten. In dieser werden die Zahlungen aufgeschoben oder ausgesetzt und den Gläubigern unterbunden, ihre Rechte einzuklagen. Die Möglichkeit eines Anlegers, seine Forderungen vorzeitig fällig zu stellen, bleibt zwar bestehen, jedoch kann jener während der „Cooling-off Period" diese nicht gerichtlich erzwingen.[156]

4.6 Aggregation Clause

Die Aggregation Clause ermöglicht eine Zusammenfassung der ausstehenden Forderungen der Anleihegläubiger über alle in sich verschiedenen Anleihetranchen[157] des Schuldners hinweg.[158]

Die Notwendigkeit einer solchen Klausel resultiert dabei aus der Tatsache, dass die in den vorangegangenen Kapiteln beschriebenen Klauseln nur innerhalb einer Anleiheemission wirken[159], ein staatlicher Schuldner in der Praxis i. d. R. jedoch nicht nur eine einzige Anleihe emittiert, sondern eine Vielzahl solcher, die sich alle hinsichtlich ihrer Ausstattungsmerkmale unterscheiden.

Im Falle eines Defaults bedeutet dies, dass bei einer Restrukturierung in jeder Tranche eine qualifizierte Gläubigermehrheit erreicht werden muss, um eine Restrukturierung erfolgreich durchführen zu können, da die Schuldtitel mit großer Wahrscheinlichkeit von unterschiedlichen Gläubigern gehalten werden. Bei einer erheblichen Anzahl von Anleihetranchen, wie es bspw. bei der Umschuldung Argentiniens mit 152 verschiedenen der Fall war, kann es allerdings zu erheblichen Kommunikations- und Koordinationsproblemen kommen. Ferner kann der Restrukturierungsprozess durch eine Minder-

---

[156] Vgl. IMF (2002a), S.17. Vgl. außerdem Liu, Y. (2002), S. 19
[157] Im Folgenden werden die Begriffe „Anleihetranche(n)", „Anleiheklasse(n)" und „Anleiheemission(en)" synonym verwendet.
[158] Vgl. Berensmann, K. (2003b), S. 27f.
[159] Vgl. Berensmann, K. (2003b), S. 26

heit nicht umschuldungswilliger Gläubiger blockiert werden. Erreichen jene innerhalb einer Anleihetranche eine Sperrminorität, sind sie an jegliche Restrukturierungsvereinbarungen nicht gebunden.[160]

Beinhaltet eine Vielzahl der von einem Souverän begebenen Anleihen eine Aggregation Clause, werden die mit einer qualifizierten Gläubigermehrheit einer Anleiheklasse beschlossenen Restrukturierungsvereinbarungen auch für alle Gläubiger jener Anleihetranchen des Schuldners bindend, in denen dieselbe Klausel integrativer Bestandteil ist. Die Forderungen werden demnach über die betroffenen Anleihetranchen hinweg aggregiert.[161]

4.7 Bewertung der Collective Action Clauses

In Form der in den Kapiteln 4.1 und 4.2 beschriebenen Mehrheitsklauseln ermöglichen es CACs den Gläubigern mit einer qualifizierten Mehrheit Modifikationen an den Vertragsbedingungen über eine Minderheit hinweg vorzunehmen. Einzelnen wird es somit erschwert, den Restrukturierungsprozess durch störende Aktivitäten zu blockieren. Die Mehrheitsklauseln zielen dabei direkt auf die Lösung des Problems des Trittbrettfahrerverhaltens sowie das Holdout-Problem (Vgl. Kapitel 3.3.1.3) als Probleme des kollektiven Handelns ab.

Uneinigkeiten bestehen in der Praxis jedoch noch hinsichtlich der Ausgestaltung der Mehrheitsklauseln in Bezug auf die Frage eines „optimalen" Schwellenwertes bei einer Mehrheitswahl. Dixon und Wall weisen in ihren Ausführungen darauf hin, dass keine universellen optimalen Prozentschwellen existieren.[162]

Üblicherweise liegt die Schwelle bei 75 Prozent, wenn Majority Action Clauses integrativer Bestandteil in Anleiheverträgen sind (Vgl. Kapitel 4.1). Diese Schwelle wird von einigen Marktteilnehmern jedoch als zu gering bewertet, um einen ausreichenden Schutz für Anleiheinhaber zu bieten. Sie präferieren daher eine höhere Schwelle von z. B. 90 Prozent. Eine solche Prozentschwelle wird in der Praxis jedoch nur schwer durch-

---

[160] Vgl. Szodruch, A. (2008), S. 228f.
[161] Vgl. IMF (2002a), S. 18

führbar sein[163], da dies voraussetzen würde, dass Anleihehalter, die mehr als 10 Prozent des ausstehenden Kapitals besitzen, nicht gegen die Umschuldung stimmen. Aufgrund dessen scheint eine Prozentschwelle von 75 als angemessen. Zu hohe Schwellen würden den Restrukturierungsprozess eher erschweren als vereinfachen. Zudem könnten Anleiheinhaber durch eine niedrigere Schwelle dazu ermutigt werden, an der Versammlung teilzunehmen, da sie überzeugter davon sein könnten, dass die Versammlung auch beschlussfähig ist und eine Einigung zustande kommt.[164]

Die Klauseln ermöglichen ferner in Form der Representation Clause (Vgl. Kapitel 4.3) eine Kollektivvertretung der Gläubiger durch einen von ihnen ernannten Repräsentanten, der dem Schuldner gegenüber als Verhandlungspartner auftritt. Bedingt dadurch wird es den Gläubigern ermöglicht, sich untereinander zu organisieren und zu koordinieren, womit insgesamt die kollektive Handlungsfähigkeit jener verbessert wird. Die Representation Clause löst somit das Gläubigervertretungsproblem (Vgl. Kapitel 3.3.1).

Ein solcher Repräsentant ermöglicht zudem eine frühzeitige Kommunikation zwischen Gläubigern untereinander, aber auch zwischen Gläubigern und Schuldner. Dies trägt zwar insgesamt zu einer Verringerung der Kommunikations- und Koordinationsprobleme bei, die im Rahmen einer Restrukturierung insbesondere aufgrund der Gläubigerheterogenität entstehen. Jedoch kann das in Kapitel 3.3.2 beschriebene Problem der unvollständigen Information und daraus resultierenden Ineffizienzen im Ergebnis nicht vollständig durch die Representation Clause gelöst werden. Dies beruht auf der Tatsache, dass diese Klausel die Koordinierung des Informationsaustausches ordnen, nicht aber regeln kann. Dadurch besteht immer eine Ungewissheit, ob alle Informationen wahrheitsgemäß offengelegt werden.[165] Auch die CACs insgesamt können dieses Problem nicht in vollem Umfang lösen.[166]

Die Sharing Clause (Vgl. Kapitel 4.4) als eine weitere Einzelklausel der CACs verlangt eine pro rata Verteilung jeglicher Erlöse, die einzelne Gläubiger aus Klagerechtsprozes-

---

[162] Vgl. Dixon, L.; Wall, D. (2000), S. 144
[163] Vgl. Dixon, L.; Wall, D. (2000), S. 144
[164] Vgl. Dixon, L.; Wall, D. (2000), S. 144
[165] Vgl. Kletzer, K.-M. (2003), S. 19
[166] Vgl. Haldane, A.-G.; Penalver, A.; Saporta, V.; Song Shin, H. (2003), S. 24

sen gegen den Schuldner erwirkt haben, unter allen Gläubigern. Inbegriffen sind dabei auch jegliche Zahlungen, die ein einzelner Gläubiger im Gegensatz zu allen anderen Gläubigern mehr vom Schuldner empfangen hat. Dadurch soll der Anreiz einzelner Gläubiger vermindert werden, gegen den Schuldner gerichtliche Schritte einzuleiten. Zudem soll verhindert werden, dass Gläubiger ihre Anleihen verkaufen, wenn sie das Eintreten eines Defaults des Schuldners erwarten. Die Sharing Clause zielt demnach direkt auf die Lösung des Rush to the Exit sowie des Rush to the Court House als zwei weitere der drei wesentlichen Probleme des kollektiven Handelns (Vgl. Kapitel 3.3.1) ab. Diese Klausel ist daher für den Restrukturierungsprozess von wesentlicher Bedeutung. Dennoch spielt nach Dixon und Wall die Sharing Clause in der Diskussion um die Verwendung und Ausgestaltung von CACs nur eine untergeordnete Rolle.[167]

Daneben zielt auch die Initiation Clause direkt auf die Lösung dieser beiden Probleme ab, welche eine „Cooling-off Period" für den Zeitraum zwischen Eintreten des Defaults und Wahl eines Repräsentanten der Gläubiger, bestimmt.

Es lässt sich demnach festhalten, dass die Einzelklauseln der CACs zusammengefasst zu einer Verringerung der bei einem Restrukturierungsprozess auftretenden Koordinations- und Kollektivproblemen beitragen. Bedingt dadurch vereinfachen sie den Prozess der Umschuldung in erheblichem Maße, sodass eine geordnete, schnelle und weniger kostenintensive Lösung möglich wird.

Neben diesem potenziellen Nutzen weisen CACs allerdings auch eine Reihe von Nachteilen auf.

CACs stellen kein umfassendes Instrument für die Restrukturierung von Anleihen dar, da eine Aggregation über mehrere Anleiheklassen hinweg nicht möglich ist.[168] Diese Problematik könnte zwar mit der in Kapitel 4.6 beschriebenen Aggregation Clause gelöst werden. Problematisch bei der Aggregation von Anleiheforderungen sind jedoch die differenzierten Interessen der Gläubiger, die sich auch in den unterschiedlichen Anleiheklassen, die von jenen gehalten werden, widerspiegeln. Ausstattungsmerkmale, wie bspw. die Höhe des Zinses und die Laufzeit, sind Indiz für das jeweilige Risiko, die eine

---

[167] Vgl. Dixon, L.; Wall, D. (2000), S. 143
[168] Vgl. Marauhn, T. (2005), S. 103f.

Investitionsentscheidung begründen. Eine einvernehmliche Lösung über diese verschiedenen Interessen in Gestalt der Anleiheklassen kann trotz der Klausel jedoch nicht erzwungen werden. Gelingt es einem Gläubiger, wie z. B. im Fall „Elliott Associates" (Vgl. Kapitel 3.3.1.3, S. 30), eine Sperrminorität auf dem Sekundärmarkt zusammenzukaufen, kann er den Prozess der Restrukturierung wie bisher aufhalten.[169]
Aufgrund dessen kann das Problem des kollektiven Handelns mit Hilfe der Aggreation Clause nur für einzelne Emissionen gelöst werden.

Ferner ist eine Integration dieser Klausel in Bankkredite oder andere Kreditinstrumente nicht möglich[170], woraus die Gefahr erwächst, dass jene Gläubiger den Restrukturierungsprozess durch einzelgängerische Handlungen, wie bspw. Klagen gegen den Schuldner, blockieren. Eine Ausweitung auf diese Instrumente wäre zwar denkbar, die Praktikabilität dieses Vorgehens allerdings in Frage zu stellen. Entsprechend der Aggregation von Anleiheforderungen würden sich auch hier Probleme hinsichtlich der differenzierten Gläubigerinteressen ergeben. Hinzu kommt, dass in diesem Fall eine Gleichbehandlung aller Gläubiger nicht gewährleistet werden könnte. Gläubiger von Bankkrediten besitzen im Gegensatz zu Anleihegläubigern oft eine langjährige Kreditbeziehung zu dem Schuldner und pflegen daher eine gute Beziehung zu jenem. Dies könnte bei einer Aggregation im Falle der Restrukturierung über diese Schuldtitel hinweg für den Schuldner ein Anreiz sein, die Stimmen der Anleihegläubiger „untergehen" zu lassen.[171] Manipulationen durch den Schuldner könnten die Folge sein. Die in Kapitel 4.1 beschriebene Disenfranchisement Clause zielt zwar direkt auf die Lösung dieser Problematik ab. Es gilt hierbei jedoch auch zu berücksichtigen, dass sich in der Praxis für die Restrukturierung bilateraler und multilateraler Kredite bereits andere Mechanismen, wie der Pariser und der Londoner Club, etabliert haben. Zudem würde die Ausweitung der Aggregation Clause über Anleihen hinweg auch auf andere Schuldtitel den Restrukturierungsprozess zusätzlich erschweren, da die Koordinationsproblematik mit einer hohen Anzahl unterschiedlicher Gläubiger verstärkt wird.

---

[169] Vgl. Hefeker, C. (2006), S. 19
[170] Vgl. Berensmann, K. (2003b), S. 29
[171] Vgl. IMF (2002a), S. 18

Ein weiterer negativer Aspekt bei CACs resultiert daraus, dass diese nur in neu emittierte Anleihen integriert werden können.[172] Der gesamte Bestand an bestehenden Emissionen wäre daher nicht inbegriffen. Infolge dessen würden für eine relativ lange Übergangszeit sowohl Anleihen mit als auch ohne CACs als integrativem Bestanteil am Markt existieren. Die CACs könnten ihre Wirkung daher erst nach dieser Übergangszeit umfassend entfalten, wenn alle bislang emittierten Anleihen ausgelaufen sind.[173]

Laut einer Studie des IWF könnte sich eine solche Übergangszeit auf einen Zeitraum von über zehn Jahren erstrecken.[174] Um den Prozess der Implementierung zu beschleunigen, könnten bestehende Anleihen in neue Emissionen mit CACs umgetauscht werden. Ob die Anleihehalter ein solches Umtauschangebot annehmen, ist entscheidend von den Umtauschbedingungen abhängig. Einen Anreiz hierfür könnten bspw. Hilfen finanzieller Natur durch multilaterale Institutionen, wie z. B. den IWF, bilden, durch die die Konditionen der Ersatzemissionen attraktiver gestaltet werden könnten.

Darüber hinaus birgt die Einführung von CACs die Gefahr, negative Auswirkungen auf das „Pricing" der Anleihe zu haben. Zurückzuführen ist dies auf die von CACs ausgehende Signalwirkung auf die Anleiheinhaber, was auch als Signalproblem bezeichnet werden kann.[175] Die Anleger könnten die Implementierung von CACs als Zeichen für einen etwaigen Default des entsprechenden Staates interpretieren. Infolge dessen könnten die Risikoprämien der Anleihen entsprechend der Erwartungen ansteigen und somit die Finanzierungskosten des Staates in die Höhe treiben. Für einen Staat, der sich bereits in einer angespannten finanziellen Situation befindet, könnte dies bedeuten, dass es zur Verschärfung einer Misere kommt und ein etwaiger Zahlungsausfall dadurch tatsächlich zur Realität wird. Daneben könnten Anleger auch eine Ausnutzung der Klauseln durch den Schuldner zu seinen Gunsten (Schuldner-Moral-Hazard) befürchten, da die Klauseln für diesen einen Anreiz darstellen, seinen Zahlungsverpflichtungen nicht vollumfänglich nachzukommen, und aufgrund dessen einen höheren Zinsaufschlag verlangen.

---

[172] Vgl. Ermrich, C. (2007), S. 373
[173] Vgl. Hefeker, C. (2002), S. 687
[174] Vgl. IMF (2002c), S. 6
[175] Vgl. IMF (2002c), S. 10

Verschiedene empirische Studien, welche die Wirkung der Implementierung von CACs auf den Preis der Anleihe untersucht haben, sind zu unterschiedlichen Ergebnissen gekommen. Dixon und Wall zeigen auf, dass die Implementierung von CACs kaum Auswirkungen auf den Preis einer Anleihe hat.[176] Eine Studie von Eichengreen und Mody dagegen führte im Ergebnis dazu, dass sich die Konditionen für Schuldner geringer Bonität durch die Implementierung von CACs verschlechterten, während sich indessen bei Schuldnern mit sehr guter Bonität die Konditionen verbesserten.[177]

Die empirischen Ergebnisse lassen insgesamt keine eindeutige Aussage über den Zusammenhang der Implementierung von CACs in Anleiheverträge und die Wirkung auf den Preis einer Anleihe zu. Bestätigung eines nicht negativen Zusammenhangs finden sich jedoch bspw. in der Anleiheemission von Mexiko im Februar 2003 mit CACs als integrativem Bestandteil unter New Yorker Recht (3,5 Mrd. USD). Analysen haben ergeben, dass der Preis dieser Anleihen weder zum Zeitpunkt der Emission auf dem Primärmarkt noch auf dem Sekundärmarkt eine erhöhte Risikoprämie im Vergleich zu Anleihen ohne CACs aufwiesen.[178]

4.8 Verwendung und Verbreitung von Collective Action Clauses

Die Anleiheemission von Mexiko im Februar 2003 unter New Yorker Recht wird häufig auch als der Wendepunkt[179] in der Verwendung von CACs in Staatsanleihen betitelt.[180]

Traditionell sind CACs integrativer Bestandteil in Staatsanleihen unter englischem Recht, seitdem sie im 19. Jahrhundert erstmals in englischen Unternehmensanleihen implementiert wurden. Daneben werden sie traditionell auch in Anleihen unter japani-

---

[176] Vgl. Dixon, L.; Wall, D. (2000), S. 146f.
[177] Vgl. Eichengreen, B.; Mody, A. (2000), S. 15ff.
[178] Vgl. IMF (2003a), S. 38
[179] Vor Mexiko gab es schon Länder, die Anleihen unter New Yorker Recht mit CACs emittiert hatten. Dazu zählen bspw. Ägypten (1,5 Mrd. USD in 2001), Bulgarien (0,2 Mrd. USD in 2001), Kasachstan (0,4 Mrd. USD in 1997), Katar (2,4 Mrd. USD in 1999 und 2000) sowie Libanon (7,4 Mrd. USD in 1997). Vgl. Gugiatti, M.; Richards, A. (2004), S. 6. Der Unterschied im Vergleich zu der Anleiheemission von Mexiko in 2003 liegt im Emissionsvolumen begründet. Bei der von Mexiko emittierten Anleiheemission handelte es sich um die erste in größerem Umfang mit CACs nach New Yorker Recht.
[180] Vgl. z. B. Häseler, S. (2009), S. 5. Vgl. bspw. auch Drage, J.; Hovaguimian, C. (2004), S.3 sowie Koch, E.-B. (2004), S. 3

schem und luxemburgischem Recht eingebunden.[181] Aus folgender Tabelle 6 wird ersichtlich, dass die ausstehenden Anleihen, die unter diesen Jurisdiktionen bis Januar 2003 emittiert wurden, insgesamt rund 35 Prozent ausmachten. Dagegen umfassten die ausstehenden Anleihen emittiert unter deutschem Recht 14 Prozent sowie unter New Yorker Recht 50 Prozent, in denen CACs traditionell nicht implementiert sind.[182]

Tabelle 6: Ausstehende internationale Anleiheemissionen von Emerging-Market-Ländern: Marktpraxis bzgl. CACs und geltendes Recht, Januar 1991-Januar 2003

Art der Emission	Marktpraxis bzgl. der Verwendung von CACs	Emissionsvolumen (in Mrd. USD)	Emissionsvolumen (in Prozent)
New Yorker Recht	nicht integrativer Bestandteil	175,6	50
Englisches Recht	integrativer Bestandteil	91,0[1]	26
Japanisches Recht	integrativer Bestandteil	31,9	9
Deutsches Recht	nicht integrativer Bestandteil	47,8	14
Andere Rechte	variiert	3,3	1
Summe		349,6	100

Quelle: Eigene Darstellung in Anlehnung an Gugiatti, M.; Richards, A. (2004), S. 4
[1]Anleihen, die unter luxemburgischem Recht emittiert wurden (rund 2,5 Mrd. USD), sind hier inbegriffen.

Tabelle 7 zeigt darüber hinaus die Entwicklung angekündigter Staatsanleihe-Emissionen zwischen 1991 und 2003 im Jahresdurchschnitt. Das Emissionsvolumen ist insgesamt von 39,6 Mrd. USD in 1991/92 auf 76 Mrd. USD in 2003 angestiegen. Dabei sind die Emissionen von Anleihen unter New Yorker Recht zunehmend bedeutender geworden, was sich auch in der heutigen Stellung des New Yorker Finanzplatzes widerspiegelt. Während das Emissionsvolumen dieser in 1991/92 noch 2,4 Mrd. USD ausmachte, konnte im Jahr 2003 ein Volumen von 46,6 Mrd. USD verzeichnet werden. Daneben bewegten sich die Emissionen unter englischem Recht auf einem konstanten Niveau von durchschnittlich rund 20 Mrd. USD. Im Gegensatz dazu haben die Emissio-

---
[181] Vgl. Gugiatti, M.; Richards, A. (2004), S. 3
[182] Vgl. Gugiatti, M.; Richards, A. (2004), S. 3

nen unter anderen nationalen Rechten, mit Ausnahme von Italien, an Bedeutung verloren.

Tabelle 7: Staatsanleihen[1] von 1991 bis 2003 nach Gerichtsbarkeit (in Mrd. USD)[2]

	1991-92	1993-98	1999	2000-01	2002	2003
New York	2,4	15,6	22,1	36,2	36,9	46,6
England	22,4	27,6	19,0	13,7	15,6	22,5
Italien	3,2	7,4	5,0	6,8	1,5	4,9
Deutschland	4,7	9,6	8,6	2,9	0,0	0,5
Japan	3,2	5,6	0,7	5,2	0,2	0,4
Schweiz	1,1	1,4	0,3	0,6	0,1	0,5
Andere[3]	2,7	7,6	4,1	0,2	1,0	0,6
Gesamt	39,6	74,8	59,8	65,6	55,3	76,0

Quelle: Eigene Darstellung in Anlehnung an Koch, E.-B. (2004), S. 13
[1] Angekündigte Emissionen
[2] Jahresdurchschnitt
[3] Dänemark, Frankreich, Griechenland, Kanada, Kolumbien, Luxemburg, Niederlande, Österreich, Portugal, Schweden, Spanien und andere Teile der USA

Die Tabellen 6 und 7 lassen demnach erkennen, dass der Großteil aller Staatsanleihen im betrachteten Zeitraum auf dem New Yorker Markt emittiert wurde. Die Implementierung von CACs in Anleihen unter New Yorker Recht ist somit der Schlüssel für eine breite, flächendeckende Akzeptanz und Verwendung dieser Klauseln.[183]

Vor diesem Hintergrund lässt sich auch der „Durchbruch" von CACs als integrativem Bestandteil von Staatsanleihen, insbesondere von EML, im Zuge der Emission von Mexiko im Jahr 2003 erklären.

Dem Beispiel Mexiko folgten noch im selben Jahr weitere Staaten wie Belize, Brasilien, Kolumbien, Peru, Südafrika, die Türkei und Uruguay, die CACs in ihre Anleihen nach New Yorker Recht mit aufnahmen.[184] Ende 2003 verteilte sich fast die Hälfte des gesamten Emissionsvolumens mit CACs auf Anleihen unter New Yorker Recht, was im Folgenden durch Tabelle 8 veranschaulicht wird.

---

[183] Vgl. Koch, E.-B. (2004), S. 2
[184] Vgl. Szodruch, A. (2008), S. 226. Vgl. hierzu außerdem Walter, N. (2006), S. 363 sowie Tietje, Prof. Dr. C. (2005), S. 20

Tabelle 8: Verwendung von Collective Action Clauses in Anleiheemissionen Souveräner zwischen 2002 und 2003 (in Mrd. USD)

	2002		2003	
	Nein	Ja	Nein	Ja
New York	36,9	-	23,9	22,7
England	-	15,6	-	22,5
Andere	2,6	0,2	4,6	2,4
Gesamt	**39,5**	**15,8**	**28,5**	**47,6**
Anzahl Länder	24	18	20	28

Quelle: Eigene Darstellung in Anlehnung an Koch, E.-B. (2004), S. 13

Ende 2004 beinhalteten rund 91 Prozent aller Neuemissionen von EML CACs (Vgl. Abbildung 4, S. 53), sowie 44 Prozent der insgesamt ausstehenden Anleihen.[185] Der Anteil aller emittierten Anleihen mit CACs unter New Yorker Recht belief sich dabei auf rund 65 Prozent. Damit erfolgte innerhalb von nur einem Jahr eine Wende der Verwendung von CACs in Anleihen unter New Yorker Recht „from being the exception to becoming the market standard."[186]

Auch in den Folgejahren verharrte der Anteil der Anleiheemissionen mit CACs auf hohem Niveau, was durch Abbildung 4 verdeutlicht wird. Im Jahr 2005 wurde dabei mit 97 Prozent ein Höhepunkt erreicht. Die Anleihen mit CACs unter New Yorker Recht verzeichneten in der Periode von 2004 bis 2007 einen Anteil von rund 92 Prozent. Im Februar 2006 erreichte der Anteil an ausstehenden Emissionen die 60 Prozent Marke.[187]

---

[185] Vgl. Walter, N. (2006), S. 363
[186] Häseler, S. (2009), S. 5
[187] Vgl. Häseler, S. (2009), S. 5

Abbildung 4: Anleiheemissionen mit Collective Action Clauses (1995-2007)[188]

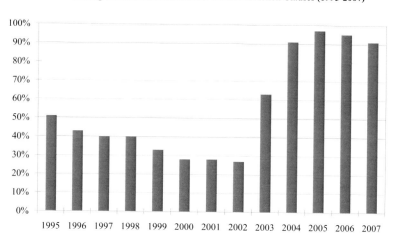

Quelle: Eigene Darstellung auf Basis der Daten von Bradley, M.-H.; Cox, J.-D.; Gulati, M. (2008), S. 31, IMF (2003b), S. 4 und IMF (2006), S. 46

Dieser im Jahr 2003 stattfindende Wandel hin zu einer breiten, flächendeckenden Akzeptanz und Verwendung der CACs liegt aber nicht nur in der hohen Anzahl an Neuemissionen mit CACs der EML begründet.

Der in Tabelle 8 zu erkennende Anstieg von Anleihen mit CACs in der Gruppe der „Anderen" von 0,2 Mrd. USD in 2002 auf 2,4 Mrd. USD in 2003 wurde im Wesentlichen beeinflusst durch die Entwicklung der Verwendung von CACs in von Italien und damit einer Industrienation begebenen Anleihen.[189]

Italien folgte damit der im April 2003 von den Finanzministern der EU getroffenen Vereinbarung, dass zum Ende des Jahres alle Mitgliedstaaten in die von ihnen, unter fremder Jurisdiktion, begebene Anleihen CACs implementieren. Verfolgt wurde damit das Ziel, als gutes Beispiel voranzugehen und somit zu einer breiten Verwendung von CACs in internationalen Staatsanleihen beizutragen.[190]

---

[188] Die Datenverfügbarkeit hinsichtlich der Verwendung von CACs beschränkt sich jüngst auf den Zeitraum bis Ende 2007. Über diesen Zeitraum hinaus gehende Daten waren trotz umfangreicher RechercheStudieen des Verfassers nicht zu ermitteln.
[189] Vgl. Koch, E.-B. (2004), S. 3
[190] Vgl. EU-Kommission (2003), S. 16

Neben Italien agierten im Zuge dessen weitere EU-Mitgliedstaaten, wie bspw. Griechenland und Spanien, die CACs in ihre Anleihen emittiert unter fremder Jurisdiktion mit aufnahmen. Während dies für Irland bereits vor der Vereinbarung gängige Praxis war, blieben Deutschland, Frankreich und Portugal trotz der Vereinbarung inaktiv.

Bis heute beschränkt sich die Verwendung von CACs in den meisten europäischen Staaten weiterhin auf Anleihen, die unter fremdem Recht begeben werden. Auch in deutschen Dollar-Bonds finden diese Klauseln mittlerweile Anwendung. Da der Großteil aller Anleihen jedoch unter heimischem Recht und in lokaler Währung emittiert wird, sind diese Klauseln in einem entsprechend großen Anteil aller Anleihen von Staaten der EU nicht vorhanden. Griechenland bspw. hat 90 Prozent seiner ausstehenden Anleihen unter heimischem Recht begeben, womit 90 Prozent aller Anleihen keine CACs beinhalten.[191] Eine Ausnahme bilden Staatsanleihen von Großbritannien und Luxemburg, in denen CACs traditionell implementiert sind.

4.9 Collective Action Clauses in der bisherigen Praxis staatlicher Umschuldungen

Obwohl CACs in den Jahren nach 2003 einen regelrechten Boom erlebten, ist die (fast) weltweite Aufnahme dieser Klauseln in Staatsanleihen bis heute nach wie vor ein neues Phänomen, wofür auch die mangelnde Datenverfügbarkeit für die Jahre nach 2007 Indiz sein kann. Aufgrund dessen existieren in der Literatur derzeit noch keine repräsentativen Untersuchungen hinsichtlich der Effektivität von CACs.[192] Praktische Erfahrungen mit dem Einsatz von CACs bei der Restrukturierung von Staatsanleihen bestehen dennoch in vier Fällen: Im Jahr 2000 kam es zu einer Restrukturierung von drei Eurobonds der **Ukraine**[193] nach luxemburgischem Recht unter Einsatz von CACs. Der Vorteil für die Ukraine bestand dabei, dass diese Anleihen mit CACs als integrativem Bestandteil lediglich von einer beschränkten Anzahl institutioneller Investoren (Investmentbanken

---

[191] Vgl. Buchheit, L.-C.; Gulati, M. (2010), S. 2
[192] Vgl. Szodurch, A. (2008), S. 244
[193] Die Schuldenrestrukturierung der Ukraine wird auch als Hybrid zwischen einer reinen Umtauschtransaktion und der Restrukturierung mittels CACs angesehen. Dies beruht auf der Tatsache, dass die Anleihen nach luxemburgischem Recht mit CACs umgetauscht wurden. Mit der Annahme dieses Umtauschangebotes erteilten die Gläubiger wiederum eine unwiderrufliche Vollmacht, nach der bei einer Gläubigerversammlung die Bedingungen der Altanleihe geändert wurden. Vgl. Dixon, L.;

und Hedgefonds) gehalten wurden. Vergleichbar übersichtlich war die Gläubigerstruktur auch im Jahr 2002 bei der Restrukturierung einer Eurobondtranche unter Geltung englischen Rechts der **Republik Moldawien**. Bedingt durch diese homogene Gläubigerstruktur weisen beide Fälle eine Ähnlichkeit mit den Umschuldungen des Londoner Clubs in den achtziger Jahren des zwanzigsten Jahrhunderts auf.[194]

Dagegen ist der Fall **Uruguays** aus dem Jahr 2003 repräsentativer für das Potenzial von CACs zur Überwindung der bei einer heterogenen Gläubigerstruktur auftretenden Koordinations- und Kommunikationsprobleme. In diesem Fall wurden CACs zur Restrukturierung eines Bonds nach japanischem Recht eingesetzt, welcher primär von Kleinanlegern gehalten wurde. Bei einer Gläubigerversammlung, bei der 80 Prozent des Nennwertes repräsentiert waren, stimmten 99 Prozent für die Restrukturierung, womit die verbleibenden Gläubiger an dieses Ergebnis gebunden waren. Entsprechend erfolgreich war die Umschuldung von **Belize** im Jahr 2007. In diesem Fall wurde erstmals eine Anleihe, die unter New Yorker Recht emittiert wurde, mittels CACs restrukturiert. Auf der Gläubigerversammlung wurde eine Zustimmungsquote von 87,5 Prozent des ausstehenden Kapitals erreicht. Diese reichte aus, um die nicht umschuldungswilligen Gläubiger an dieses Ergebnis zu binden.[195]

Häufig wird neben diesen vier praktischen Erfahrungen der Fall Pakistans von 1999 als Beispiel genannt. Die Anleihen, die Pakistan restrukturierte, enthielten zwar CACs. Die Restrukturierung dieser Anleihen erfolgte allerdings durch ein freiwilliges Umtauschangebot. Die CACs kamen daher nicht zur Anwendung. Die Besonderheit, weswegen dieser Fall häufig auch als Beispiel herangezogen wird, liegt darin, dass Pakistan seinen Gläubigern angedroht hatte, die CACs in den Restrukturierungsprozess zu involvieren, wenn jene nicht mit einer qualifizierten Mehrheit dem Umtauschangebot zustimmten.[196] Dies bedeutet, dass hier lediglich das Vorhandensein der CACs dazu beigetragen hat, eine erfolgreiche Restrukturierung durchzuführen und Gläubiger auf diese Weise von rechtlichen Schritten gegen den Schuldner abzuhalten.

Wall, D. (2000), S. 151
[194] Vgl. Szodruch, A. (2008), S. 244
[195] Vgl. Szodruch, A. (2008), S. 244
[196] Vgl. Dixon, L.; Wall, D. (2000), S. 150f.. Vgl. hierzu außerdem Eichengreen, B.; Mody, A. (2001), S. 159f.

Die Beispiele verdeutlichen, dass CACs in der Vergangenheit bereits dazu beigetragen haben, eine Restrukturierung von Staatsanleihen erfolgreich durchzuführen. Diese praktischen Erfahrungen erstrecken sich jedoch lediglich auf Fälle eines in Default geratenen Souveräns der EML. Es bleibt daher die Frage, ob CACs auch zur Bewältigung der gegenwärtigen Staatsschuldenkrise in der EWU beitragen können.

5. Die Staatsschuldenkrise in der Europäischen Wirtschafts- und Währungsunion

5.1 Der Weg in die Krise

Die Europäische Wirtschafts- und Währungsunion ist eine Gemeinschaft innerhalb der Europäischen Union (EU), der insgesamt 17[197] der 27 Mitgliedstaaten der EU angehören und die den Euro als gemeinsame Währung verwenden. Sie ist das Ergebnis eines im Jahr 1990 initiierten Projektes, welches in einem Drei-Stufen-Plan die Gründung einer Währungsunion mit harmonisierter Wirtschaftspolitik in der EU vorsah.[198] Die Einführung des Euro – zunächst als Buchgeld – als einheitliche Währung im Jahr 1999 wird dabei als die dritte und letzte Stufe verstanden, mit der die Verwirklichung der eigentlichen Währungsunion vollzogen wird. Die Euro-Banknoten und -Münzen wurden am 01. Januar 2002 in Umlauf gebracht.[199] Die Intention der Gründung einer Wirtschafts- und Währungsunion resultierte dabei primär aus der Zielsetzung starke Wechselkursschwankungen zwischen den EU-Währungen und einen damit verbundenen Abwertungswettlauf zu verhindern.[200]

Die Bedingungen, die ein Mitgliedstaat zu erfüllen hat, um an der dritten Stufe der EWU teilzunehmen und damit den Euro einführen will, kommen in den so genannten Konvergenzkriterien zum Ausdruck. Neben den Kriterien Preisstabilität, Zins- und Wechselkursstabilität, sind insbesondere der öffentliche Schuldenstand sowie die Netto-Neuverschuldung von Bedeutung. Die Konvergenzkriterien besagen, dass die jährliche Netto-Neuverschuldung (Haushaltsdefizit) 3 Prozent des BIP nicht überschreiten und der öffentliche Schuldenstand (gesamte Staatsverschuldung) nicht mehr als 60 Prozent

---

[197] Zum Zeitpunkt der Gründung führten zunächst elf Länder den Euro ein. Dazu zählten Belgien, Deutschland, Finnland, Frankreich, Irland, Italien, Luxemburg, die Niederlande, Österreich, Portugal und Spanien. Zum 01.01.2001 erfolgte die Aufnahme Griechenlands als zwölftes Mitglied. Es folgten Slowenien zum 01.01.2007, Malta und Zypern zum 01.01.2008, die Slowakei zum 01.01.2009 sowie zum 01.01.2011 Estland als 17. Mitglied. Vgl. bpb (Hrsg.), www.bpb.de/popup, 15.02.2011 sowie EZB (Hrsg.), www.ecb.int/ecb, 15.02.2011. In der Praxis werden die Länder, die den Euro bereits eingeführt haben auch unter den Begriff Eurozone oder Eurowährungsgebiet subsumiert. Im Folgenden werden daher diese Begriffe sowie „EWWU" und „EWU" synonym verwendet.
[198] Vgl. EZB (Hrsg.), www.ecb.int/ecb, 15.02.2011
[199] Vgl. o. V., http://europa.eu/abc, 15.02.2011
[200] Vgl. o. V., http://europa.eu/abc, 15.02.2011

des BIP betragen darf.[201] Unter Netto-Neuverschuldung oder Netto-Kreditaufnahme wird dabei derjenige Betrag verstanden, der in einem bestimmten Zeitraum, in der Praxis zumeist ein Haushaltsjahr, an neuen Schulden abzüglich der Tilgung vorhandener Schulden vom öffentlichen Sektor aufgenommen wird.[202] Als öffentlicher Schuldenstand wird die Summe aller aufgenommenen Schulden der vorangegangenen Jahre kumuliert zu einem bestimmten Zeitpunkt bezeichnet. Jener stellt daher den Gesamtschuldenstand (gesamte Staatsverschuldung) eines Souveräns dar.[203] Der Gesamtschuldenstand wird demnach rein rechnerisch um den Betrag der Netto-Kreditaufnahme erhöht.[204]

Um eine dauerhafte solide Haushaltspolitik der Eurostaaten auch nach Eintreten in die Währungsunion und damit das Ziel einer stabilen gemeinsamen Währung zu gewährleisten, wurde im Jahr 1997 der Stabilitäts- und Wachstumspakt beschlossen.[205] Jener verlangt von den Mitgliedstaaten mittelfristig einen „nahezu ausgeglichenen oder im Überschuss befindlichen Haushalt"[206], womit das Ziel verbunden ist, das Eintreten eines übermäßigen Defizits, definiert als die Überschreitung der Drei-Prozent-Defizitobergrenze, zu verhindern. Wird dieser Referenzwert überschritten, kommt es zur Einleitung eines Verfahrens wegen übermäßiger Defizite durch die EU-Kommission, an dessen Ende auch Sanktionen verhängt werden können.[207] Der Pakt wurde im März 2005 allerdings reformiert mit dem Ziel, diesen zu lockern, da er im Nachhinein als zu streng beurteilt wurde.[208] Auf eine ausführliche Darstellung dieser Reformen wird im Rahmen der vorliegenden Studie jedoch verzichtet.[209]

Im Folgenden veranschaulicht Abbildung 5 für den Zeitraum zwischen 1990 und 2010 die Risikoaufschläge (Bond Spreads) zehnjähriger Staatsanleihen ausgewählter Eurostaaten gegenüber deutschen Bundesanleihen, welche in der Praxis als vermeintlich risi-

---

[201] Vgl. Dauses, Prof. Dr. M.-A. (2003), S. 149
[202] Vgl. Piekenbrock, Prof. Dr. D. (2002), S. 282
[203] Vgl. o. V., www.staatsverschuldung.de/begriffe, 15.02.2011
[204] Vgl. o. V., www.staatsverschuldung.de/begriffe, 15.02.2011
[205] Vgl. Dauses, Prof. Dr. M.-A. (2003), S. 154
[206] BMF (Hrsg.), http://www.bmf.gv.at/WipoEUInt, 15.02.2011
[207] Vgl. BMF (Hrsg.), http://www.bmf.gv.at/WipoEUInt, 15.02.2011
[208] Vgl. o. V., http://europa.eu/abc, 15.02.2011
[209] Eine ausführliche Darstellung liefert z. B. Deutsche Bundesbank (2005a)

kolos gelten und daher i. d. R. als „Benchmark" herangezogen werden, mit vergleichbarer Laufzeit:

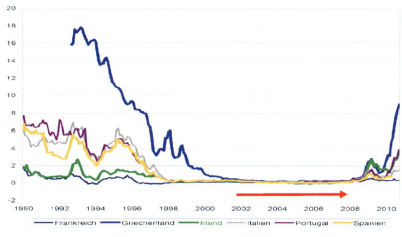

Abbildung 5: Bond Spreads ausgewählter Eurostaaten in Bps[210] (1990-2010)

Quelle: Illing, Prof. Dr. G. (2010), S. 23

Dabei wird ersichtlich, dass diese im Zeitablauf nahezu kontinuierlich zurückgegangen sind und sich bis 2007/08, also vor Ausbruch der Finanzmarktkrise im Jahr 2007 und nach Einführung des Euro im Jahr 1999, auf bemerkenswerte Weise angenähert haben. Zuletzt in diesem Zeitraum bewegten sich die Risikoaufschläge auf einem fast einheitlichen Niveau.

Zurückzuführen ist dies auf das im Zuge der Euro-Einführung gewonnene Vertrauen der Anleger der internationalen Kapitalmärkte in die Zahlungsfähigkeit der einzelnen Eurostaaten. Während die Anleger bis dahin für die oft nur schwer abschätzbaren Währungsrisiken, insbesondere von Mitgliedstaaten mit einer unstabilen Lage im Verhältnis zu anderen Mitgliedstaaten, wie bspw. Deutschland, dessen Lage bereits zu diesem Zeitpunkt als stabil galt, einen entsprechenden Risikoaufschlag verlangten, genügte es ihnen nunmehr, mit dem Euro-Risiko zu kalkulieren.[211]

---

[210] 1 Basispunkt = 0,01 %
[211] Vgl. Blankart, C.-B.; Klaiber, A. (2010), S. 27

Die Marktteilnehmer differenzierten demnach nur noch marginal zwischen der Bonität verschiedener souveräner Schuldner der EWU, sodass es keine großen Abstufungen der Risikoprämien (gegenüber dem „Benchmark"-Emittenten Deutschland, einem Land mit bester Bonität) mehr gab (Vgl. Abbildung 5, S. 58). Dies bedeutet, dass sich für die Anleger insgesamt das Risiko für Schuldtitel eines Souveräns der EWU augenscheinlich verringerte. Die Anleger vertrauten faktisch auf eine Konvergenz innerhalb der Mitgliedstaaten im Euroraum sowie implizit darauf, dass die Gemeinschaft aller Teilnehmer der Eurozone für die Schulden eines in Zahlungsschwierigkeiten geratenen Einzelstaates einstehen würde (Bail-Out).[212] Damit nahm ihre Risikoaversion insgesamt ab.

Aber nicht nur die privaten Anleger profitierten von diesem Rückgang der Risikoaufschläge, sondern auch die Staatshaushalte. Dies liegt darin begründet, dass mit fallenden Risikoaufschlägen auch die Refinanzierungskosten der Staaten sinken. Somit standen mehr Mittel für andere Staatstätigkeiten zur Verfügung oder um aufgebaute Haushaltsdefizite, die sich bspw. in konjunkturell schlechten Zeiten aufgebaut hatten, abzubauen.

Im Ergebnis führten diese Entwicklungen zu einem starken Wirtschaftsboom (in der Binnen- und vor allem der Immobiliennachfrage), insbesondere in den südlichen Eurostaaten wie z. B. in Griechenland, Irland und Spanien sowie in Italien und Portugal, hier allerdings nur vorübergehend.[213] In den letztgenannten erstreckte sich dieser auf den Zeitraum von Mitte 2003 bis zum Ausbruch der Finanzmarktkrise im Jahr 2007 (Vgl. Abbildung 6). Abbildung 6 zeigt das BIP-Wachstum ausgewählter Staaten der Eurozone für die Jahre 2000 bis 2011. Dabei wird der beschriebene Boom in den Peripheriestaaten[214] (Griechenland, Irland, Spanien) ersichtlich. Weiter wird ersichtlich, dass im Gegensatz dazu das gesamtwirtschaftliche Wachstum in ausgewählten Kernländern, speziell Frankreich und Deutschland, stagnierte und sich insgesamt unterhalb des Niveaus der Peripheriestaaten bewegte. Diese Entwicklung verdeutlicht, dass sich bereits hier entgegen der Erwartungen der Markakteure sozusagen „subkutan" eine Divergenz zwischen den Eurostaaten entwickelte.

---

[212] Vgl. SVR (2010/11), S. 11
[213] Vgl. Busch, B.; Jäger-Ambrozewicz, J.; Matthes, J. (2010), S. 30
[214] Die Euro-Raum-Peripherie ist kein klar definierter Begriff. Üblicherweise werden darunter die Euroländer am Rand, insbesondere am südlichen Rand, des Euroraums subsumiert. In der vorliegenden Studie wird darunter Griechenland, Irland, Italien, Portugal und Spanien verstanden.

Abbildung 6: BIP-Wachstum ausgewählter Eurostaaten (2000-2011*)

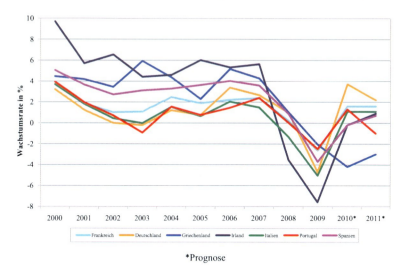

*Prognose

Quelle: Eigene Darstellung auf Basis der Daten von EU-Kommission und OECD, Stand der Daten: 01.03.2011

Im Folgenden veranschaulicht Abbildung 7 die Entwicklung des Gesamtschuldenstandes dieser ausgewählten Eurostaaten in Prozent des BIP. (Die Zahlen, die der Datenreiche „Griechenland" zugrundeliegen, entsprechen den tatsächlichen Werten nach der Revidierung 2009.) Dabei ist zu erkennen, dass nur Spanien und Irland in dem betrachteten Zeitraum von 1999 bis 2011, nach der Euro-Einführung und vor Ausbruch der Finanzmarktkrise im Jahr 2007, einen öffentlichen Schuldenstand unterhalb der Obergrenze von 60 Prozent der Konvergenzkriterien verzeichnet haben. Selbst die größeren Staaten Deutschland und Frankreich haben sich während dieses Zeitraums oberhalb dieser Grenze bewegt. Zu erkennen ist darüber hinaus, dass Griechenland und Italien die Grenzen in erheblichem Maße überschritten haben, nicht nur nach Eintritt in die EWU, sondern bereits zum Zeitpunkt ihres Eintretens. Es bleibt demnach festzuhalten, dass im betrachteten Zeitraum, mit Ausnahme von Spanien und Irland, bis zum Zeitpunkt des Ausbruchs der Staatsschuldenkrise im Frühjahr 2010, alle der ausgewählten Staaten das Konvergenzkriterium hinsichtlich des Gesamtschuldenstandes nicht eingehalten haben. Zudem, dass trotz des Booms in den Jahren bis 2007/08 und den dadurch bedingten Mehreinnahmen die betroffenen Staaten, insbesondere Griechenland und Italien, den Gesamtschuldenstand nicht in nennenswertem Umfang abgebaut haben.

Abbildung 7: Entwicklung des Gesamtschuldenstandes ausgewählter Eurostaaten (1999-2011*)

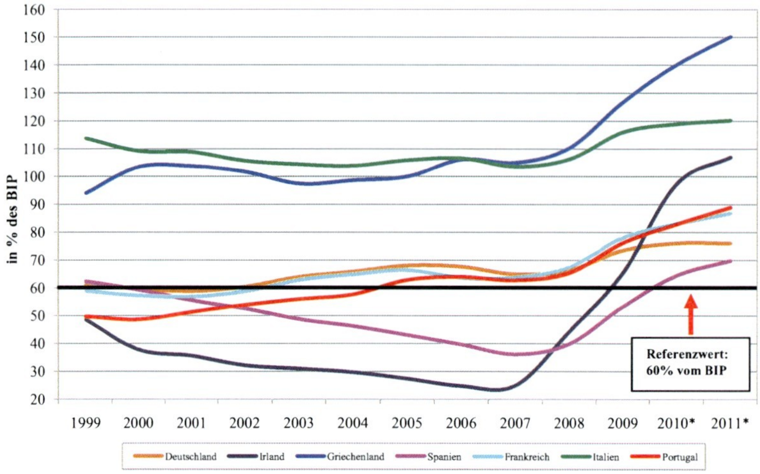

*Prognose

Quelle: Eigene Darstellung auf Basis der Daten von EU-Kommission und Eurostat,
Stand der Daten: 01.03.2011

Parallel dazu zeigt Tabelle 9 die Entwicklung der Haushaltsdefizite der ausgewählten Staaten in Prozent des BIP für den Zeitraum von 1999 bis 2011. Die Zahlen des griechischen Haushaltsdefizits entsprechen den tatsächlichen Werten nach der Revidierung im Jahr 2009.

Tabelle 9: Entwicklung der Haushaltsdefizite ausgewählter Eurostaaten (1999-2011*)

Jahr	1999	2000	2001	2002	2003	2004	2005	2006	2007	2008	2009	2010*	2011*
Referenzwert							-3,0						
Deutschland	-1,5	1,3	-2,8	-3,7	-4,0	-3,8	-3,3	-1,6	0,3	0,1	-3,0	-3,7	-2,7
Frankreich	-1,8	-1,5	-1,5	-3,1	-4,1	-3,6	-2,9	-2,3	-2,7	-3,3	-7,5	-7,7	-6,3
Griechenland			-4,5	-4,8	-5,6	-7,5	-5,2	-5,7	-6,4	-9,4	-15,4	-9,6	-7,4
Irland	2,7	4,7	0,9	-0,3	0,4	1,4	1,6	2,9	0,0	-7,3	-14,4	-32,2	-10,3
Italien	-1,7	-0,8	-3,1	-2,9	-3,5	-3,5	-4,3	-3,4	-1,5	-2,7	-5,3	-5,0	-4,3
Portugal	-2,8	-2,9	-4,3	-2,8	-2,9	-3,4	-6,1	-4,1	-2,8	-2,9	-9,3	-7,3	-4,9
Spanien	-1,4	-1,0	-0,6	-0,5	-0,2	-0,3	1,0	2,0	1,9	-4,2	-11,1	-9,3	-6,4

*Prognose

Quelle: Eigene Darstellung auf Grundlage der Daten von EU-Kommission und Eurostat,
Stand der Daten: 01.03.2011

Auffällig ist hierbei, dass Griechenland in jedem Jahr seit Teilnahme an der EWU (2001) die Haushaltsdefizitobergrenze von 3 Prozent überschritten hat. Daneben haben auch Deutschland in den Jahren 2002 bis 2005, Frankreich in den Jahren 2002, 2003 und 2004, Italien in den Jahren 2001 und von 2003 bis 2006 sowie Portugal in den Jahren 2001 und 2004 bis 2006 diese Grenze überschritten. Dagegen haben Irland und Spanien bis vor dem Ausbruch der Finanzmarkt- und Staatsschuldenkrise den Referenzwert von 3 Prozent kontinuierlich eingehalten. Beide Staaten haben somit den jeweils geforderten Referenzwert hinsichtlich Haushaltsdefizit und Gesamtschuldenstand erfüllt, weswegen sie bis 2007 auch als die Vorbilder für Haushaltsdisziplin galten.[215]

Bedingt durch die Nichteinhaltung des Referenzwertes von 3 Prozent wurden gegen Portugal, Deutschland und Frankreich in den Jahren 2002 und 2003 entsprechend dem Stabilitäts- und Wachstumspakt Defizitverfahren mit der Begründung übermäßiger Defizite eingeleitet. Diese wurden jedoch nicht bis zum möglichen Ende verfolgt. Es wurden zwar Korrekturfristen gesetzt. Diese wurden jedoch immer wieder verlängert, bis es im März 2005 schließlich, insbesondere aufgrund ausgeübten Drucks der Staaten Deutschland und Frankreich, zur Lockerung des Paktes kam, die Verfahren ausgesetzt wurden und die Staaten von Sanktionen oder Geldstrafen verschont blieben.[216] Auch gegen Italien wurde ein Defizitverfahren eingeleitet, allerdings erst im Jahr 2005.[217] Dieses wurde im Jahr 2008 eingestellt, womit auch Italien von Sanktionen oder Geldstrafen verschont blieb.[218] Dementsprechend lässt sich hinsichtlich dieses Konvergenzkriteriums ebenfalls festhalten, dass es, mit Ausnahme von Irland und Spanien, nicht in konsequenter Weise eingehalten wurde und die betroffenen EWU-Länder die wirtschaftlich zunächst guten Jahre nicht zu einer grundlegenden Konsolidierung der öffentlichen Finanzen genutzt haben. Von den zuständigen Gremien der EU wurde dies zwar analysiert und kritisiert, sonst wären keine Defizitverfahren eröffnet worden. Zu Sanktionen ist es aber niemals gekommen, obwohl der Stabilitäts- und Wachstumspakt solche Schritte vorsieht.

---

[215] Vgl. Pisani-Ferry, J. (2011), S. 7
[216] Vgl. Deutsche Bundesbank (2005b), S. 43ff.
[217] Vgl. Spiegel online (Hrsg.), www.spiegel.de/wirtschaft, 07.06.2005
[218] Vgl. Wallstreet online (Hrsg.), www.wallstreet-online.de/nachricht, 03.06.2008

Abgeleitet aus diesen seit Einführung der Gemeinschaftswährung stattfindenden Verstößen, die zwar festgestellt, aber entgegen der eigens (von der EU) gesetzten vertraglichen Grundlagen nicht mit disziplinierender Wirkung geahndet wurden, lässt sich der Schluss ziehen, dass das grundlegende haushaltspolitische Regelwerk, der Stabilitäts- und Wachstumspakt, bereits in den vergangenen Jahren einen Glaubwürdigkeitsverlust erfahren hat. Dieser wurde jedoch bis zum Ausbruch der aktuellen Schuldenkrise von den Märkten weitgehend ignoriert. Ein Indiz hierfür stellt die Entwicklung der Risikoaufschläge hin zu einem einheitlichen Niveau bis 2007/08 dar (Vgl. Abbildung 5, S. 58).

Weitere Divergenzen, die nach Einführung des Euro als gemeinschaftliche Währung entstanden sind, lassen sich für die Peripheriestaaten im Vergleich zu Deutschland und Frankreich in der Entwicklung der Höhe der Lohnstückkosten beobachten, die in Abbildung 8 indexiert dargestellt sind. Auffällig ist auch hier eine überdurchschnittliche Steigerung in Griechenland. Um bspw. auf das deutsche Niveau zu kommen, müsste Griechenland die Löhne um 25 Prozent reduzieren.[219]

---

[219] Vgl. lpb-BW (Hrsg.), www.lpb-bw.de/finanzkrise, 15.02.2011

Abbildung 8: Entwicklung der Lohnstückkosten ausgewählter Eurostaaten (2000-2010)

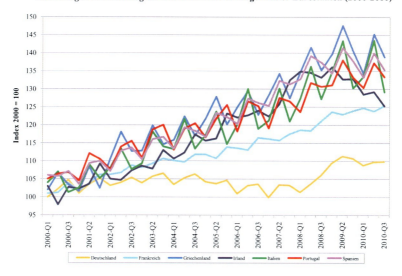

Quelle: Eigene Darstellung auf Basis der Daten von Eurostat,
Stand der Daten: 13.03.2011

Als Folge dieses Auseinanderdriftens verzeichneten die ausgewählten europäischen Peripheriestaaten eine z. T. deutliche Verschlechterung in der internationalen (preislichen) Wettbewerbsfähigkeit (Vgl. Abbildung 9, S. 65). In Griechenland z. B. lagen die Lohnsteigerungen fühlbar über der Produktivitätsentwicklung, womit die Konkurrenzfähigkeit der griechischen Unternehmen stark gedrückt wurde.[220]

---

[220] Vgl. Plickert, P., www.faz.net/s, 02.01.2011

Abbildung 9: Harmonisierte Wettbewerbsindikatoren ausgewählter Eurostaaten (1999-2010)[1]

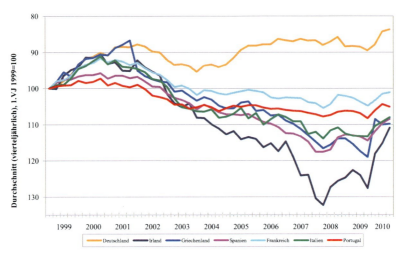

[1]basierend auf Lohnstückkosten, Werte indexiert, Skala invertiert: Anstieg der Kurve (Rückgang derWerte) kennzeichnet Zunahme der Wettbewerbsfähigkeit.
Quelle: Eigene Darstellung auf Basis der Daten von EZB, Stand der Daten: 01.03.2011

Die Verschlechterung der internationalen Wettbewerbsfähigkeit in den Peripherieländern führte indessen zu deutlich stärker anwachsenden Importen im Gegensatz zu den Exporten, d. h. es wurde stetig mehr importiert als exportiert, was wiederum die Handels- und Leistungsbilanzdefizite fortlaufend ansteigen ließ.[221] Die Entwicklung der Leistungsbilanzdefizite veranschaulicht im Folgenden Abbildung 10:

---

[221] Vgl. Busch, B.; Jäger-Ambrozewicz, M.; Matthes, J. (2010), S. 29

Abbildung 10: Leistungsbilanzüberschuss/-defizit ausgewählter Eurostaaten (1994-2011*)

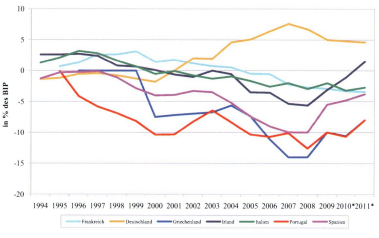

*Prognose

Quelle: Eigene Darstellung auf Basis der Daten von EU-Kommission und OECD,
Stand der Daten: 01.03.2011

In den Blickpunkt der Betrachtungen fällt auch hierbei – neben der Entwicklung in Portugal – die Entwicklung in Griechenland. Griechenland verzeichnete von 2001 (Eintritt in die EWU) bis 2008 einen kontinuierlichen Anstieg des Defizits in seiner Leistungsbilanz. Jenes verdoppelte sich in diesem Zeitraum von rund 7 Prozent auf ca. 14 Prozent des BIP. 2009 und 2010 betrug es 10 Prozent des BIP. Auch in Portugal und Spanien lagen jene in den letzten Jahren bei rund 10 Prozent des BIP. In Italien dagegen nur bei rund 2 Prozent des BIP. Irland verzeichnete einen Tiefpunkt in 2008 bei rund 6 Prozent des BIP.

Die Entwicklung der Leistungsbilanzdefizite hat sich schließlich in der Höhe der Auslandsverschuldung der südeuropäischen Staaten niedergeschlagen. Die Auslandsverschuldung von Griechenland lag im Jahr 2008 bspw. bei fast 75 Prozent des BIP. In Portugal und Italien lag diese Quote bei rund 50 Prozent des BIP. Dagegen lag jene in Spanien bei knapp 20 Prozent des BIP, womit sie vergleichsweise besser ausgefallen ist.[222] Welche Risiken eine hohe Auslandsverschuldung in sich trägt, wurde in Kapitel 2.2.2 ausführlich dargestellt.

Die aufgezeigten Entwicklungen, insbesondere in den Peripheriestaaten, die im Zuge der EWU-Schuldenkrise auch als PIIGS-Staaten bezeichnet werden, sind als fundamentale Schwäche der EWU zu bewerten. Sie zeigen zudem auf, dass sich diese Staaten z. T. (vor allem Griechenland) bereits vor dem Ausbruch der Schuldenkrise im Frühjahr 2010 in angespannter finanzieller Verfassung befanden. Aufgrund der Fokussierung der jüngsten Ereignisse sind diese allerdings verdeckt worden.[223] Diese fundamentale Schwäche führte jedoch gepaart mit dem Ausbruch der Finanzmarktkrise im Jahr 2007, der darauf folgenden Weltwirtschaftskrise und den damit verbundenen finanziellen Stützungsmaßnahmen für in Schieflage geratene Banken zu einem enormen Anstieg der Staatsverschuldung in allen Staaten der EU. Hinzu kamen weitere finanzielle Belastungen durch Konjunkturförderungsprogramme und Steuermindereinnahmen. Die prekäre Haushaltslage der so genannten PIIGS-Staaten rückte nach dem desolaten, griechischen Haushaltsdefizit im Jahr 2009 in den Fokus der Betrachtungen und ebnete den Weg in die gegenwärtige Staatsschuldenkrise.

5.2 Entwicklungen im Zuge der Finanzmarktkrise

Die Rettungsmaßnahmen für Banken und die Konjunkturprogramme, insbesondere nach der Lehman-Pleite im Herbst 2008, hatten zwar ihre Spuren in den Finanzen vieler Staaten hinterlassen, dennoch schien sich die angespannte Lage ab Mitte 2009 mit dem Übergang zu steigenden Wachstumsraten, z. B. in Deutschland, wieder zu beruhigen.

Dies änderte sich allerdings im Oktober 2009 als die neugewählte griechische Regierung ihren Euro-Partnerländern gegenüber offenlegte, dass das Haushaltsdefizit 2009 bei 12,7 Prozent des BIP liegen werde. Damit revidierte sie das von der konservativen Vorgängerregierung prognostizierte Haushaltsdefizit von 3,7 Prozent des BIP nach oben. Die Ratingagenturen Fitch und Standard & Poor's reagierten darauf im Dezember desselben Jahres mit einer Herabstufung der Kreditwürdigkeit Griechenlands. Sie senk-

---

[222] Vgl. Busch, B.; Jäger-Ambrozewicz, M.; Matthes, J. (2010), S. 32f.
[223] Vgl. Schaltegger, C.-A.; Weder, M. (2010), S. 5f.

ten die Bonitätsnote von „A-" auf „BBB+" herab.[224] Griechenland lag damit zum ersten Mal seit zehn Jahren unter der Bewertung „A". Im Zuge dessen kam es zu einem fast panikartigen Verkauf griechischer Staatsanleihen mit der Folge steigender Risikoprämien für diese Titel auf über 5 Prozent.[225] Die Besonderheit in dieser Korrektur des Haushaltsdefizits besteht darin, dass sie nicht von den Märkten ignoriert und damit offensichtlich wurde, dass die Regierung Griechenlands über Jahre hinweg gezielt die tatsächlichen Zahlen verschleiert hatte. Hiermit kann auch erklärt werden, warum Griechenland seit Eintritt in die EWU in 2001 in jedem Jahr gegen die Defizitobergrenze von 3 Prozent verstoßen konnte (Vgl. Tabelle 9, S. 62).

Ein Blick zurück in das Jahr 2004 zeigt, dass die Offenlegung des „wahren" Haushaltsdefizits im Oktober 2009 kein Einzelfall darstellt. Bereits zum damaligen Zeitpunkt wurde bei einem Regierungswechsel offengelegt, dass die Vorgängerregierung „Bilanzkosmetik" betrieben hatte und nur so das Haushaltsdefizit unter die für den Eintritt in die Eurozone entscheidende Drei-Prozent-Defizitobergrenze drücken konnte. Die zuständigen Gremien der EU haben zwar einen Vorstoß gegeben diesem Vergehen nachzugehen und Prüfungen in der griechischen Haushaltsführung vorzunehmen. Ein weiteres Vorgehen scheiterte jedoch im Jahr 2005 an fehlender Zustimmung im EU-Ministerrat.[226] Auch die Märkte ignorierten dieses Vergehen, was damit begründet werden kann, dass sich die Risikoaufschläge in den Jahren vor Ausbruch der Finanzmarktkrise der betroffenen Staaten alle nahezu identisch entwickelten (Vgl. Abbildung 5, S. 58).

Die Marktteilnehmer begannen also erstmals seit Einführung der Gemeinschaftswährung im Jahr 1999 (mit der Revidierung des griechischen Haushaltsdefizits im Jahr 2009) die Zahlungsfähigkeit und die Solidität der Haushaltspolitik eines Mitgliedstaates der Eurozone in Frage zu stellen und somit zwischen der Bonität verschiedener souveräner Schuldner der EWU zu differenzieren. Dies äußerte sich insbesondere dadurch, dass in diesem Zeitraum die Risikoaufschläge für Griechenland anstiegen, während jene

---

[224] Vgl. tagesschau.de (Hrsg.), www.tagesschau.de/wirtschaft, 20.05.2010. Vgl. hierzu auch Frühauf, M. (2010), S. 21. Vgl. außerdem RP online (Hrsg.), www.rp-online.de/wirtschaft, 16.12.2009 sowie bpb (Hrsg.), www.bpb.de/themen, 11.02.2010
[225] Vgl. Schaltegger, C.-A.; Weder, M. (2010), S. 8
[226] Vgl. lpb-BW (Hrsg.), www.lpb-bw.de/finanzkrise, 15.02.2011

für andere ausgewählte Staaten der Eurozone auf konstantem Niveau verharrten (Vgl. Abbildung 11).

Abbildung 11: Bond Spreads ausgewählter Eurostaaten (Oktober 2007-Februar 2011)[1]

[1]Bond Spreads zehnjähriger Staatsanleihen gegenüber deutschen Bundesanleihen mit vergleichbarer Laufzeit
Quelle: Eigene Darstellung auf Basis der Daten von Bloomberg, Stand der Daten: 01.03.2011

Ab Mitte April 2010 spitzte sich die Lage Griechenlands zu. Trotz angekündigter Sparmaßnahmen der griechischen Regierung weiteten sich die Ängste der Märkte um einen möglichen Zahlungsausfall aus. Infolgedessen kam es zu einem weiteren Ansteigen der Risikoprämien auf griechische Staatsanleihen (Vgl. Abbildung 11). Dies wiederum hatte negative Effekte auf die Finanzierungskosten des hellenischen Staates. Problematisch war dies insbesondere aufgrund der Tatsache, dass im April und im Mai 2010 mehrere von Griechenland begebene Anleihen im Umfang von mehreren Mrd. Euro fällig wurden und bedient sowie refinanziert werden mussten.[227] Da Beträge in solchem Umfang üblicherweise nicht aus den bestehenden Mitteln finanziert werden können (vor allem dann nicht, wenn sich ein Staat bereits in einer finanziell schwierigen Situation befin-

---

[227] Vgl. SECO (2010), S. 29. Vgl. hierzu auch Schaltegger, C.-A.; Weder, M. (2010), S. 7

det), werden jene gemeinhin durch die Emission von neuen Anleihen abgelöst. Dieses Vorgehen wird oft auch als das „Rollen von Schulden" bezeichnet (Vgl. Kapitel 2.2.2, Stichwort: „Rollover-Crisis").[228] Aufgrund dessen, dass das Vertrauen der Kapitalgeber in die Rückzahlungsfähigkeit von Griechenland sich zunehmend zu einer Vertrauenskrise ausweitete, stiegen auch die Finanzierungskosten des Staates entsprechend kontinuierlich an. Dieses Unterfangen führte letztlich dazu, dass sich Griechenland vor der Tatsache sah, seine fällig werdenden Anleihen nicht mehr rollen zu können, da die Zinsen dafür zu teuer waren. Es drohte der Ausschluss vom Kapitalmarkt und damit ein Staatsbankrott Griechenlands (Vgl. Kapitel 2.2.2).[229]

Der Vertrauensverlust der Kapitalgeber erstreckte sich jedoch nicht mehr nur auf die Zahlungsfähigkeit Griechenlands. Er griff zunehmend auf weitere Staaten der EWU über und hierbei insbesondere auf die verbleibenden der PIIGS-Staaten. Die ausufernde Staatsverschuldung in diesen Staaten führte nun dazu, dass die über Jahre hinweg ignorierten Differenzen in der Zahlungsfähigkeit einzelner Staaten in der EWU verstärkt Berücksichtigung fanden. Die Risikoaufschläge der betroffenen Staaten entwickelten sich in erheblichem Maße auseinander, sodass sich wieder ein vergleichbares Bild wie vor Einführung der Gemeinschaftswährung zeigte. Dies verdeutlicht ein Vergleich der Abbildung 5, S. 58 mit Abbildung 11, S. 69.

Vor diesem Hintergrund stuften zudem verschiedene Ratingagenturen die Kreditwürdigkeit der betroffenen Staaten, mit Ausnahme von Italien, herunter. Irland und Spanien haben dabei die Höchstwertung AAA verloren. Griechenland wurde nach dem ersten Downgrade im Dezember 2009 um drei Schritte auf „Ramschstatus" (Non-Investment Grade) herabgestuft, nachdem im April 2010 das Haushaltsdefizit von Eurostat auf 13,6 Prozent des BIP weiter nach oben korrigiert wurde.[230] Die Rückstufungen der Ratings werden im Folgenden durch Abbildung 12 veranschaulicht. Der Teufelskreis steigender Zinsen gepaart mit steigenden Schulden wurde letztlich bedingt durch das Rückstufen der Ratings noch beschleunigt.[231]

---

[228] Vgl. SECO (2010), S. 29. Vgl. hierzu auch Schaltegger, C.-A.; Weder, M. (2010), S. 7
[229] Vgl. SECO (2010), S. 29. Vgl. hierzu auch Schaltegger, C.-A.; Weder, M. (2010), S. 7
[230] Vgl. Schaltegger, C.-A.; Weder, M. (2010), S. 9
[231] Vgl. Schaltegger, C.-A.; Weder, M. (2010), S. 7

Abbildung 12: Langfristiges Fremdwährungsrating

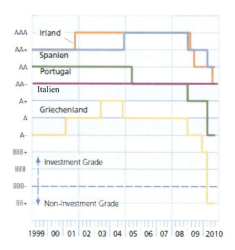

Quelle: Deutsche Bundesbank (2010), S. 18

Um die Finanzmärkte zu beruhigen und aus der Gefahr heraus, dass neben Griechenland auch Irland, Italien, Portugal oder Spanien ihre Zahlungsfähigkeit verlieren und damit ein Dominoeffekt ausgelöst wird, beschlossen die EU-Finanzminister am 02. Mai 2010 ein auf drei Jahre begrenztes Hilfspaket für Griechenland mit Kreditzusagen im Umfang von insgesamt 110 Mrd. €.[232] Den Hauptanteil in Höhe von 80 Mrd. € tragen die Mitgliedstaaten der Eurozone. Dabei ergibt sich die Höhe des auf einen einzelnen Mitgliedstaat entfallenden Betrages in Abhängigkeit des Kapitalschlüssels, welchen jener an der EZB hält. Der restliche Betrag in Höhe von 30 Mrd. € wird vom IWF bereitgestellt. Dabei sind vom Gesamtvolumen ca. 80 Prozent der Kreditzusagen zur Ablösung fällig werdender Schuldtitel bestimmt sowie 20 Prozent zur Finanzierung neuer Ausgaben. Die Kredite werden in Raten (Tranchen) ausgezahlt. Griechenland verpflichtet sich im Gegenzug strenge wirtschaftspolitische Auflagen in Form eines mit dem IWF und der EU-Kommission (in Abstimmung mit der EZB) abgestimmten Anpassungsprogramms (Konditionalität), das u. a. drastische Ausgabenkürzungen und Steuererhöhungen vorsieht, zu erfüllen.[233]

---

[232] Vgl. Volkery, C. (2010), www.spiegel.de/politik, 02.05.2010
[233] Vgl. BMWi (2010), S. 3. Vgl. hierzu außerdem EU-Rat (2010), S. 1

Am 18. Mai 2010 wurde Griechenland von den Eurostaaten eine Rate in Höhe von 14,5 Mrd. € ausgezahlt. Zuvor hatte der IWF bereits eine erste Tranche in Höhe von 5,5 Mrd. € überwiesen. Mit diesen Mitteln wurde eine am 19. Mai 2010 fällig werdende Anleihe im Volumen von 8,5 Mrd. € bedient.[234]

Der formelle Beschluss über das Rettungspaket für Griechenland sollte auf einem EU-Sondergipfel am 07. Mai 2010 gefasst werden. Zudem sollten Schlussfolgerungen für die Zukunft aus der Finanzkrise gezogen werden.[235] Die Lage an den internationalen Kapitalmärkten verschärfte sich unterdessen jedoch weiter. Der Risikoaufschlag für griechische Anleihen gegenüber Deutschland belief sich bei zehnjährigen Staatsanleihen mittlerweile auf 952 Bps. Eine Tendenz steigender Risikoaufschläge, jedoch weitaus geringer als bei Griechenland, ließ sich gleichzeitig auch für Portugal und Irland beobachten sowie ebenso in einer nochmals abgeschwächten Form für Spanien und Italien. (Vgl. Abbildung 11, S. 69). Infolgedessen beschlossen die EU-Finanzminister in der Nacht vom 09. auf den 10. Mai 2010 einen so genannten Rettungsschirm – auf der Basis von Art. 122 Abs. 2 AEUV – der es ermöglicht Mitgliedstaaten finanzielle Unterstützung zu gewährleisten, wenn diese in akute Zahlungsschwierigkeiten geraten sind. Ziel ist es, einen drohenden Staatsbankrott zu verhindern.[236] Der Schirm umfasst insgesamt ein Volumen von 750 Mrd. € und ist zunächst bis 2013 aufgespannt. Davon ist ein vorrangig in Anspruch zu nehmender Betrag in Höhe von 60 Mrd. € ein finanzieller Beistand der EU-Kommission aus dem EU-Haushalt direkt, der auch als European Financial Stabilisation Mechanism (EFSM) bezeichnet wird. Weitere 440 Mrd. € werden von den Euro-Mitgliedstaaten über einen als Zweckgesellschaft konstruierten Hilfsfonds, den European Financial Stability Facility (EFSF) mit Sitz in Luxemburg, in Form von bilateralen Bürgschaften und Garantien bereitgestellt. Im Bedarfsfall werden die benötigten Mittel in Form von Anleihen am Kapitalmarkt durch die übrigen Staaten der Eurogruppe aufgenommen. Der Empfängerstaat wird dann als „Stepping-Out Guarantor" bezeichnet und fällt als Bürge für zukünftige Stabilitätshilfen aus.[237] Griechenland gilt von Anfang als solcher. Der jeweilige Anteil eines Zahlerstaates richtet sich dabei

---

[234] Vgl. Czerwensky (2010), S. 19
[235] Vgl. tagesschau.de (Hrsg.), www.tagesschau.de/wirtschaft, 02.05.2011
[236] Vgl. Focus online (Hrsg.), www.focus.de/finanzen, 10.05.2010. Vgl. hierzu auch Deutsche Bundesbank (2010), S.17f. sowie SVR (2010/11), S. 84
[237] Vgl. BMF (2010b), S. 2

nach dem Kapitalschlüssel an der EZB, der sich jedoch entsprechend erhöht, wenn ein Staat Hilfe beantragt und zum „Stepping-Out Guarantor" wird. Eine Beteiligung von Mitgliedstaaten der EU außerhalb des Euroraums erfolgt auf freiwilliger Basis.[238]

Der Fonds erhielt von den Ratingagenturen die höchste Bonitätsnote AAA. Dies jedoch nur, weil die AAA-gerateten Staaten den auszuzahlenden Kreditbetrag vollständig garantieren. Die Garantien der schlechter gerateten Staaten dienen dagegen lediglich als Liquiditätsreserve. Da die bonitätsstärksten Länder derzeit nur einen Kapitalschlüssel von 60 Prozent für sich beanspruchen, kann auch nur etwa 60 Prozent der 440 Mrd. € ausgeliehen werden.[239] Dementsprechend verringert sich das Gesamtvolumen des Rettungsschirms um diese 60 Prozent. Die verbleibende Summe von rund 250 Mrd. € wird gegebenenfalls vom IWF in Form von Krediten zur Verfügung gestellt. Der Rettungsschirm setzt sich demnach aus drei Teilen zusammen. Folgende Abbildung 13 veranschaulicht die Struktur des Rettungsschirms:

Abbildung 13: EU-Rettungsschirm (in Mrd. €)

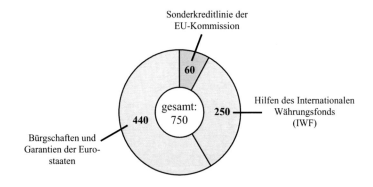

Quelle: Eigene Darstellung

---

[238] Vgl. BMWi (2010), S. 5
[239] Vgl. DZ BANK (2010), S. 17f. Vgl. zudem BMWi (2010), S. 4

Entsprechend dem Hilfspaket für Griechenland ist auch eine Inanspruchnahme des Rettungsschirms an strenge Konditionalitäten, also an finanz- und wirtschaftspolitische Auflagen, geknüpft.[240] Das Ziel, das damit verbunden wird, ist die Sicherstellung einer nachhaltigen Konsolidierung des Haushaltes durch den betroffenen Staat, um somit zu gewährleisten, dass jener den in Anspruch genommenen Kredit in vollem Umfang zurückzahlt sowie seine Verschuldung insgesamt auf ein tragfähiges Niveau reduziert.

Da sich die angespannte Situation an den internationalen Kapitalmärkten nicht entschärft hatte, drohte zudem die Liquidität am Markt für Staatsanleihen einiger Euroländer, vor allem der in Fokus geratenen PIIGS-Staaten, auszutrocknen. Diese Illiquidität entstand durch ein mangelndes Vertrauen an den Finanzmärkten hinsichtlich der Zahlungsfähigkeit in diese Staaten. Daraus erwuchs eine Unsicherheit, welche schließlich in einem Wiederanstieg der Risikoaversion sowie einer fehlenden Bereitschaft den in Fokus geratenen Staaten der Eurozone weiterhin Geld zu leihen, mündete.[241] Vor diesem Hintergrund fasste die EZB gleichzeitig mit der EU-Kommission von der Nacht des 09. auf 10. Mai 2010 den Beschluss künftig am offenen Markt zu intervenieren und Staatsanleihen von Staaten der Eurozone oder private Schuldtitel aufzukaufen. Verfolgt wird damit das Ziel, die Funktion „dysfunktionaler" Marktsegmente sowie eine reibungslose geldpolitische Transmission wieder herzustellen. Betont wurde bei der Beschlussfassung zudem, dass eine mit dem Aufkaufen verbundene Ausweitung der Geldmenge durch Gegengeschäfte kompensiert werden würde.[242] Ende 2010 beliefen sich die Ankäufe der EZB auf ein Volumen von mehr als 70 Mrd. €.[243]

Während Griechenland als Präzedenzfall zur Etablierung des EU-Rettungsschirms betrachtet werden kann, beantragte Irland am 21. November 2010 als erster der kriselnden Staaten Hilfen aus dem Rettungsschirm.[244] Aber nicht nur dies unterscheidet Irland und Griechenland voneinander. Es zeigen sich auch Differenzen im Grund des Entstehens der Überschuldungssituation. Irland hat im letzten Jahrzehnt einen enormen Wirtschaftsboom erlebt, in dessen Rahmen sich vor allem der private Sektor und hierbei

---

[240] Vgl. BMWi (2010), S. 4
[241] Vgl. Deutsche Bundesbank (2010), S. 23ff.
[242] Vgl. Deutsche Bundesbank (2010), S. 23f. Vgl. außerdem BMWi (2010), S. 6 sowie Focus online (Hrsg.), www.focus.de/politik, 15.12.2010
[243] Vgl. Johannsen, K. (2010), S. 17
[244] Vgl. Focus online (Hrsg.), www.focus.de/politik, 15.12.2010

insbesondere die Banken mit einem Mehrfachen des BIP gegenüber dem Ausland verschuldet haben. Jene gerieten im Sog der Finanzmarktkrise in eine schlechte finanzielle Lage, die in 2010 ihren Höhepunkt erreichte. Im September 2010 musste Irland den maroden Bankensektor, darunter die Allied Irish Bank und die Anglo Irish Bank, mit finanziellen Hilfen stützen. Dies hat die Neuverschuldung Irlands in 2010 auf 32 Prozent des BIP hochgetrieben. (Vgl. Tabelle 9, S. 62). Der Staat drohte deswegen in eine Schuldenspirale zu geraten. Die Verschuldungskrise in Irland kann demnach nicht als eine Verschuldungskrise im originären Sinne verstanden werden, da sich hier in erster Linie der Privatsektor überschuldet hat und letztlich bedingt durch die staatlichen Stützungsmaßnahmen eine Umwandlung der privaten Schulden hin zu staatlichen Schulden stattfindet. In Griechenland dagegen ist es hauptsächlich der Staat selbst gewesen, der die günstigen Finanzierungsbedingungen der Währungsunion in den letzten Jahren zur extensiven Verschuldung nutzte, die mit dem Einbruch der Wirtschaft nicht mehr länger tragbar wurde und zudem von struktureller Natur ist.[245]

Die Bewilligung der vom irischen Staat beantragten Hilfen sowie die Einigung eines dafür als Bedingung geltendes Anpassungsprogramm erfolgte auf einem weiteren EU-Sondergipfel am 28./29. November 2010. Die Hilfen umfassen insgesamt ein Volumen in Höhe von 85 Mrd. €.[246]

---

[245] Vgl. BMWi (2010), S. 1. Vgl. hierzu außerdem lpb-BW (Hrsg.), www.lpb-bw.de/finanzkrise, 15.02.2011
[246] Vgl. BMF (Hrsg.), www.bundesfinanzministerium.de/nn_1280, 29.11.2010a

Eine Übersicht über die Struktur sowie welche Parteien sich an der finanziellen Hilfe beteiligen, wird aus folgender Abbildung 14 ersichtlich:

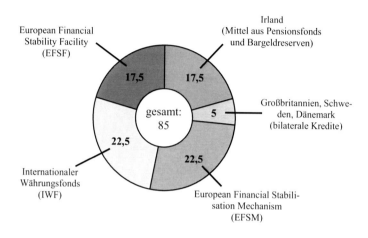

Abbildung 14: Euro-Schutzschirm für Irland (in Mrd. €)

Quelle: Eigene Darstellung auf Grundlage der Datenbasis von BMF, www.bundesfinanzministerium.de/nn_54, 19.02.2011

Sowohl das für Griechenland geschnürte Hilfspaket und der darauffolgend aufgespannte EU-Rettungsschirm, den Irland als erstes Land in Anspruch nehmen musste, als auch das Ankaufprogramm der EZB sind in der Öffentlichkeit auf heftige Kritik und Widerstand gestoßen. Ein Blick in den Vertrag über die Arbeitsweise der EU (AEUV), einem der Grundlagenverträge der Europäischen Union, erklärt die Gründe dafür.

Art. 123 AEUV versagt der EZB den unmittelbaren Erwerb von Schuldtiteln der Euro-Mitgliedsländer, d. h. den direkten Erwerb vom Staat als Emittenten.[247] Der Artikel verbietet zwar nicht, dass die EZB Staatsanleihen am Sekundärmarkt, also mittelbar, erwirbt. Die Kritik stützt sich dennoch darauf, dass solche Käufe ökonomisch keine anderen Auswirkungen haben als der direkte Erwerb am Primärmarkt. Begründet wird dies damit, dass der Ankauf umlaufender Schuldtitel es dem betreffenden Staat ermöglicht,

---

[247] Vgl. Art. 123 Abs. 1 und 2 AEUV zitiert nach Streinz, Prof. Dr. R.; Ohler, Prof. Dr. C.; Herrmann, Dr. C. (2008), S. 238f.

sich durch Neuemissionen stärker am Markt zu verschulden, ohne dadurch höhere Zinsen zahlen zu müssen.[248] Darüber hinaus stützt sich die Kritik auf das vorrangige Ziel der EZB die Preisstabilität zu gewährleisten.[249] Die EZB hat bei ihrem Beschluss über den Ankauf von Staatsanleihen kriselnder Schuldnerstaaten zwar betont, sie werde die Geschäfte entsprechend kompensieren, um eine Ausweitung der Geldmenge abzuwenden. Dennoch birgt dieses Programm die Gefahr negativer Auswirkungen auf das Ziel der Preisstabilität. Zudem besteht die Intention hinter der Implementierung des Art. 123 AEUV darin, zu verhindern, dass einzelne Mitgliedstaaten Druck auf die EZB ausüben, mit dem unmittelbaren Erwerb von Anleihen ihre Defizite direkt zu finanzieren, um auf diese Weise die EZB zu einer Inflationspolitik zu bewegen und sich somit ihrer Staatsschulden zu entledigen.[250]

Die Kritik hinsichtlich des Hilfspaketes für Griechenland stützt sich primär auf Art. 125 AEUV.[251] Jener bestimmt, dass weder die Union noch eines der Mitgliedstaaten für die Verbindlichkeiten eines anderen Mitgliedstaates haftet, respektive aufkommt.[252] Demnach ist ein EU-Staat nicht nur nicht verpflichtet einem anderen Mitglied finanzielle Unterstützung zu gewähren, sondern es ist ihm auch untersagt. Der Artikel, welcher auch die Bezeichnung „No-Bail-Out Klausel" trägt, räumt somit innerhalb der EU die Möglichkeit eines Staatsbankrotts ein.[253] Diese Regel wurde in den Vertrag von Maastricht (seit 2009 Vertrag von Lissabon) aufgenommen mit dem Ziel der haushaltspolitischen Disziplinierung, wenn kein Mitgliedstaat im Falle einer Überschuldungs-Situation auf die Rettung durch die Partner vertrauen könne (Bail-Out).[254] Genau dazu ist es im Fall Griechenlands allerdings gekommen. Ein solches Vorgehen beeinträchtigt jedoch die Glaubwürdigkeit sowohl in die politischen Entscheidungsträger der EU als auch in das grundlegende Rahmenwerk. Darüber hinaus begünstigt ein solches Vorgehen den betroffenen europäischen Schuldnerstaat und setzt für diesen, trotz der an die Hilfen gebundenen harten Konditionalitäten, Anreize keine nachhaltige Haushaltspolitik zu

---

[248] Vgl. BMWi. (2010), S. 14f.
[249] Vgl. z. B. Schaltegger, C.-A.; Weder, M. (2010), S. 9 sowie SECO (2010), S. 30
[250] Vgl. Blankart, C.-B. (2003), S. 384. Vgl. hierzu außerdem BMWi (2010), S. 15
[251] Vgl. z. B. Jeck, Dr. T. (2010), 1ff.
[252] Vgl. Art. 125 AEUV zitiert nach Streinz, Prof. Dr. R.; Ohler, Prof. Dr. C.; Herrmann, Dr. C (2008), S. 238ff.
[253] Vgl. Blankart, C.-B. (2003), S. 384
[254] Vgl. Jeck, Dr. T. (2010), S. 1

betreiben, da im Ernstfall grundsätzlich auf finanziellen Beistand vertraut werden kann (Schuldner-Moral-Hazard).

Ein solcher Bail-Out begünstigt aber nicht nur den souveränen Schuldner, sondern auch seine Gläubiger. Der größte Teil des Hilfspaktes für Griechenland bspw. dient der Finanzierung auslaufender Staatsanleihen für den Zeitraum zwischen 2010 und 2013.[255] Dies bedeutet, dass die Gläubiger ihr eingesetztes Kapital zurückerhalten, obwohl sie in risikobehaftete Papiere investiert haben und der Risikofall eingetreten ist. Die finanzielle Hilfe der Euro-Länder kann demnach neben einem Bail-Out der Schuldnerstaaten auch als Bail-Out der privaten Gläubiger interpretiert werden. Die Mitgliedsländer der EWU treten somit an deren Stelle, wobei diese Lasten letztlich wiederum an den Steuerzahler weitergereicht werden.

Als Rechtsgrundlage für den aufgespannten EU-Rettungsschirm ziehen der Europäische Rat sowie die EU-Kommission Art. 122 Abs. 2 AEUV heran[256], der eine Ausnahme des Art. 125 AEUV normiert.[257] Jener sieht eine finanzielle Unterstützung der EU für einzelne Mitgliedstaaten für den Fall des Eintretens extremer Ereignisse vor. Hierzu zählen Naturkatastrophen sowie Ereignisse, die sich der Kontrolle des Staates entziehen.[258] Verschiedene Studien haben untersucht, ob diese Rechtsgrundlage für den EU-Rettungsschirm herangezogen werden kann und sind zu einem negativen Ergebnis gekommen.[259]

Ob diese Rechtsgrundlage als Ausnahme des Art. 125 AEUV der Union dagegen die Kompetenz für ihr Handeln im Zuge des Falls Griechenlands gegeben hat, ist schwer zu begründen. Laut einem Bericht des BMWi ist bei der Beurteilung, ob sich ein Sachverhalt der Kontrolle des Staates entzieht, aus ökonomischer Sicht zu differenzieren nach kurzer und langer Frist.[260] Bezogen auf den Fall Griechenland bedeutet dies, dass kurzfristig betrachtet, diese Krise sicherlich ein ungewöhnliches Ereignis darstellt, welches

---

[255] Vgl. BMWi (2010), S. 11
[256] Vgl. BMF (2010b), S. 1
[257] Vgl. Jeck, Dr. T. (2010), S. 4
[258] Vgl. Art. 122 Abs. 2 AEUV zitiert nach Streinz, Prof. Dr. R.; Ohler, Prof. Dr. C.; Herrmann, Dr. C. (2008), S. 238
[259] Vgl. z. B. Jeck, Dr. T. (2010)
[260] Vgl. BMWi (2010), S. 10

sich, nachdem es eingetreten ist, der Kontrolle der griechischen Regierung entzogen hat.[261] Langfristig dagegen wäre trotz der internationalen Finanzmarktkrise eine staatliche Verschuldungskrise Griechenlands vermeidbar gewesen, wenn die griechische Regierung in den vergangen Jahren seit Einführung der Gemeinschaftswährung eine nachhaltige Haushaltspolitik betrieben hätte. Beispiel hierfür sind andere EWU-Staaten, die im Zuge der Finanzmarktkrise zwar auch einen steigenden Gesamtschuldenstand verzeichnet haben. Aufgrund eines nachhaltig geführten Haushaltes in den Jahren vor Ausbruch der Finanzmarktkrise, die Haushaltslage trotz steigender Verschuldung beherrschbar geblieben ist. Griechenland hat die günstigen Finanzierungsbedingungen an den Kapitalmärkten nach Eintritt in die EWU jedoch nicht genutzt, den Haushalt grundlegend zu sanieren. Vielmehr wurde der staatliche Konsum ausgeweitet ohne für entsprechende Mehreinnahmen zu sorgen, womit der Gesamtschuldenstand auf hohem Niveau verharrte.[262] Diese Betrachtung lässt daher den Schluss zu, dass Art. 122 AEUV nicht als Rechtsgrundlage für das Griechenland-Hilfspaket herangezogen werden kann und somit ein Verstoß gegen Art. 125 AEUV vorliegt.

Obschon diese Stabilisierungsprogramme zu einer temporären Entspannung an den Finanzmärkten führten, bewegen sich ungeachtet dieser Maßnahmen die Risikoprämien der Peripheriestaaten weiterhin auf hohem Niveau (Vgl. Abbildung 11, S. 69). Dies dürfte zum einen der Ausdruck eines noch mangelnden Vertrauens der Marktteilnehmer in die Nachhaltigkeit der angestrebten Konsolidierungskurse in den einzelnen Ländern sein. Zum anderen auch Ausdruck über die Unklarheiten darüber, welche Maßnahmen in Zukunft ergriffen werden, um solche Situationen wie die derzeitige Schuldenkrise in der EWU zu verhindern respektive zu bewältigen. Weiter die Ungewissheit über einen erfolgreichen Weg aus der gegenwärtigen Misere, da die akuten Probleme zwar abgewendet wurden, die der Krise, insbesondere der Peripheriestaaten, zugrunde liegenden fundamentalen Ursachen (Vgl. Kapitel 5.1) durch die Bereitstellung finanzieller Hilfen nicht gelöst werden können und daher nach wie vor bestehen.[263]

---

[261] Vgl. BMWi (2010), S. 10
[262] Vgl. BMWI (2010), S. 10
[263] Vgl. Johannsen, K. (2010), S. 17 sowie Axel Weber in Kurm-Engels, M.; Riedel, D. (2010), S. 4

Es sind daher Maßnahmen notwendig, die nicht lediglich eine Lösung der akuten Probleme mit ad-hoc-Charakter darstellen. Es werden solche verlangt, die langfristig eine nachhaltige Haushaltspolitik der Staaten bedingen. Ziel ist es, eine Entwicklung entsprechend der in Kapitel 5.1 erörterten zu verhindern, um das Vertrauen der Märkte in eine langfristige Tragfähigkeit der öffentlichen Finanzen, insbesondere in den PIIGS-Staaten, wieder herzustellen und somit deren Zugang zum Kapitalmarkt wieder zu normalisieren. Darüber hinaus sind Maßnahmen notwendig, die das Eintreten einer solchen Situation von Vornherein verhindern sowie solche, die eine geordnete Abwicklung, falls es dennoch zu einem Zahlungsausfall eines Staates kommt, ermöglichen. Diese Notwendigkeit resultiert aus dem Ziel, ad-hoc- Lösungen in Zukunft zu vermeiden sowie daraus, die Stabilität der gesamten Währungsunion zu gewährleisten als auch die Glaubwürdigkeit der europäischen Regelwerke sicher zu stellen.

Im Hinblick darauf wurden auf dem EU-Sondergipfel am 28./29. November 2010, neben dem Beschluss über die finanzielle Unterstützung Irlands, die Grundzüge für die Etablierung eines ständigen Europäischen Stabilitätsmechanismus (ESM) beschlossen. Jener soll den im Juni 2013 auslaufenden Rettungsschirm ablösen. Der IWF soll dabei weiterhin eingebunden bleiben.[264]

Eine präzisere Ausgestaltung dieses ESM erfolgte auf einem weiteren EU-Gipfel am 16./17. Dezember 2010. Das mit diesem Mechanismus verbundene Ziel besteht darin, in Zukunft private Gläubiger an den Kosten einer staatlichen Verschuldungskrise in der EWU zu beteiligen, z. B. durch Senkung des Zinssatzes, Verlängerung der Restlaufzeit und/oder Forderungsabschlag („Haircut"). Der Mechanismus sieht dabei in einem ersten Schritt vor, zunächst mit Hilfe einer Schuldentragfähigkeitsanalyse zu analysieren, ob ein Staat grundsätzlich als solvent befunden werden kann und sich lediglich in einer Liquiditätsengpass-Situation befindet oder insolvent ist. In Abhängigkeit davon wird die Beteiligung privater Gläubiger differenziert. Im ersten Fall würde an die privaten Gläubiger appelliert, ihr finanzielles Engagement gegenüber dem betreffenden Schuldner gemäß den internationalen Regeln und in vollständiger Übereinstimmung mit der Praxis des IWF aufrechtzuerhalten. Im zweiten Fall muss der betroffene Mitgliedstaat mit sei-

---

[264] Vgl. BMF (Hrsg.), www.bundesfinanzministerium.de/nn_1280, 29.11.2010a. Vgl. hierzu auch Bankenverband (2010), S. 3

nen privaten Gläubigern einen umfassenden Restrukturierungsplan zur Wiederherstellung eines nachhaltig tragbaren Verschuldungsniveaus aushandeln. Kann durch diese Maßnahme wieder eine tragbare Verschuldung erreicht werden, kann der ESM eine Liquiditätshilfe bereitstellen.[265] Eine finale Entscheidung hinsichtlich des finanziellen Umfangs des ESM wurde jedoch noch nicht getroffen.

Zur Erleichterung dieses Restrukturierungsprozesses, der maßgeblich durch die in Kapitel 3.3 dargestellten Probleme gestört werden kann, und zur Gewährleistung der Beteiligung der privaten Gläubiger sollen ab Juni 2013 in alle neu zu emittierenden Staatsanleihen des Euro-Währungsgebietes CACs in einer standardisierten und identischen Form in die Vertragsbedingungen mit aufgenommen werden. Dabei ist es vorgesehen auch die Aggregation Clause in die Anleihebedingungen mit aufzunehmen.[266]

Um den ESM auf eine rechtliche Grundlage zu fußen, wurde Art. 136 AEUV um die folgenden zwei Sätze ergänzt: „Die Mitgliedstaaten, deren Währung der Euro ist, können einen Stabilitätsmechanismus einrichten, der aktiviert wird, wenn dies unabdingbar ist, um die Stabilität des Euro-Währungsgebietes insgesamt zu wahren. Die Gewährung aller erforderlichen Finanzhilfen im Rahmen des Mechanismus wird strengen Auflagen unterliegen."[267] Der ESM kann demnach nur im Falle einer Bedrohung für die Eurozone insgesamt aktiviert werden. Zur Aktivierung selbst respektive zur Bereitstellung finanzieller Mittel bedarf es zudem der Zustimmung aller Minister der Eurogruppe.[268]

5.3 Der Weg aus der Krise – Quo vadis?

Die Erklärung der EU-Minister vom 16./17. Dezember 2010 über den Beschluss zukünftig private Gläubiger in Form von CACs an den Kosten einer staatlichen Verschuldungskrise in der EWU zu beteiligen, führte kurzfristig nicht zu den damit implizierten Zielen. Erhofften sich die politischen Entscheidungsträger mit dieser Lösung die Märkte zu beruhigen und die angespannte Lage zu stabilisieren, reagierten jene auf die Erklärung panisch und es kam zu erneuten Unruhen an den Märkten (Vgl. Abbildung 11,

---

[265] Vgl. EU-Rat (2011), S. 8ff.
[266] Vgl. EU-Rat (2011), S. 8ff.
[267] EU-Rat (2011), S. 6
[268] Vgl. EU-Rat (2011), S. 9

S. 69) Es bleibt daher die Frage, ob die Einbindung privater Gläubiger durch die Implementierung von CACs demgegenüber langfristig zu einer Stabilisierung der angespannten Situation in der Eurozone beitragen kann und ob diese Lösung den Weg aus der Krise bereiten kann.

In Kapitel 4.8 wurde aufgezeigt, dass CACs in der EU üblicherweise integrativer Bestandteil in Staatsanleihen sind, die unter fremdem Recht begeben werden. Dagegen beinhalten Anleihen, die unter heimischem Recht und in lokaler Währung begeben werden diese Klauseln üblicherweise nicht. Zurückzuführen ist dies auf die bis vor dem Ausbruch der europäischen Schuldenkrise weitgehend am Markt vorherrschender Annahme Industriestaaten können nicht bankrottgehen (Vgl. Kapitel 2.2.3, S. 21). Das Gegenteil wurde durch den Fall Griechenland belegt, das im Frühjahr 2010 vor der Zahlungsunfähigkeit stand, ein tatsächlicher Bankrott durch die finanziellen Stützungsmaßnahmen der Euro-Partnerländer jedoch nicht zur Realität wurde (Vgl. Kapitel 5.1 und Kapitel 5.2). Ein weiterer Grund resultiert aus der Tatsache, dass der Gesetzgeber im Inland die Möglichkeit besitzt, im Falle eines Defaults Vorgaben zu machen, um auf diesem Wege die privaten Gläubiger an den Kosten eines Staatsbankrotts zu beteiligen.[269] Dieser Weg wurde in der gegenwärtigen Misere von den politischen Entscheidungsträgern der EU allerdings noch nicht beschritten (Vgl. Kapitel 5.2). Dies verdeutlicht, dass die Möglichkeit der Einbindung privater Gläubiger grundsätzlich gegeben ist und nicht erst durch die Implementierung von CACs gegeben wird. Es verdeutlicht gleichzeitig aber auch, dass die Entscheidung über die Beteiligung privater Gläubiger an einer Schuldenrestrukturierung letztlich eine politische Entscheidung ist, die Antwort damit immer ungewiss bleibt und somit die Risiken für die Märkte nicht kalkulierbar sind. Auch im Rahmen des nun beschlossenen ESM bleibt die Entscheidung über die Einbindung privater Gläubiger eine politische, bedingt dadurch, dass seine Aktivierung eines einstimmigen Beschlusses des Ministerrates der Eurozone bedarf (Vgl. Kapitel 5.2, S. 81). Das Instrument wird damit politisiert und fördert die Verschleppung einer zeitgerechten Intervention. Somit kann auch erklärt werden, warum die Märkte im Zuge der Erklärung über die Etablierung eines solchen ESM, der die Einbindung privater Gläubiger vorsieht, nicht beruhigen konnte.

---

[269] Vgl. Amann, C., www.ftd.de/finanzen, 28.11.2010

CACs schaffen dennoch die Voraussetzung dafür, dass die Gläubiger eines Staates damit rechnen müssen im Falle einer staatlichen Verschuldungskrise finanziell beteiligt zu werden. Im Falle der EWU bedeutet dies, dass damit der impliziten Bail-Out Erwartung der privaten Gläubiger begegnet werden kann (Vgl. Kapitel 5.1). Während diese Erwartung noch in dem für Griechenland geschnürten Hilfspaket sowie dem darauffolgend aufgespanntem Rettungsschirm Bestätigung fand, müssen die privaten Gläubiger nunmehr bspw. mit einem Abschlag ihrer Forderung („Haircut") rechnen, womit auch sie im Falle eines schlagend gewordenen Defaults Verluste erleiden. Daraus abgeleitet ist zu erwarten, dass Anreize für die privaten Gläubiger geschaffen werden, in Zukunft bei ihren Investitionsentscheidungen die Risiken eines Zahlungsausfalls für souveräne Schuldner innerhalb der Eurozone einzukalkulieren. Dies zwingt sie gleichzeitig dazu, die Finanzpolitik der potenziellen Schuldnerstaaten besser zu überwachen als bisher. Damit sind wiederum positive Impulse ausgehend von dem Schuldner zu erwarten. Jener wird dadurch zu einer verstärkten Haushaltsdisziplin gezwungen und darauf bedacht sein, seine Haushaltslage kontinuierlich zu optimieren, da die Gläubiger bei einer schlechten Haushaltslage, von der eine Zahlungsunfähigkeit auszugehen droht, einen höheren Risikoaufschlag verlangen, was wiederum negative Auswirkungen auf die Finanzierungskosten des betroffenen Staats hat. Insgesamt kann daraus der Schluss gezogen werden, dass in Zukunft die Spreads der einzelnen Anleihen der verschiedenen EWU-Staaten weiterhin (nennenswerte) Unterschiede aufweisen werden. Ein Bild wie es sich bis zu Beginn des Jahres 2007 zeigte, wird es nicht mehr geben. Das Länderrisiko spielt nun eine stärkere Rolle und nach den Vorkommnissen in Griechenland erscheint ein solches Bild auch nicht mehr als gerechtfertigt.

Der Bail-In der privaten Gläubiger birgt allerdings die Gefahr in sich vom Schuldner ausgenutzt zu werden. Daher ist es entscheidend, dass die Bereitstellung finanzieller Mittel für den sich im Default befindlichen souveränen Schuldner tatsächlich erst dann erfolgt, wenn die Bedingung eines mit den privaten Gläubigern umfassend ausgehandelten Restrukturierungsplans erfüllt ist (Vgl. Kapitel 5.2, S. 81). Andernfalls wäre die soeben beschriebene erwartete Marktdisziplin durch den Bail-In gefährdet.

Daneben sorgt die Einbindung privater Gläubiger in Form von CACs dafür, dass eine gerechte Lastenverteilung zwischen allen Gläubigern gewährleistet wird. Dies dadurch bedingt, dass CACs bspw. verhindern, dass einzelne Gläubiger gerichtlich gegen den

Schuldner vorgehen, um ihre Forderung in vollem Umfang geltend zu machen und somit einen Vorteil gegenüber den anderen Gläubigern genießen (Vgl. Kapitel 4.7). Weiter sorgt die Einbindung dafür, dass die Last eines Staatsbankrotts nicht vollständig von den Steuerzahlern – im Schuldnerland sowie in den Ländern, die finanziellen Beistand leisten, im Falle der EWU also die Steuerzahler der anderen Mitgliedsländer – getragen werden müssen, womit dem in Kapitel 3.2 beschriebenen Umverteilungstransfer begegnet wird.

Darüber hinaus wurde in Kapitel 4.7 aufgezeigt, dass CACs als integrativer Bestandteil von Staatsanleihen eine Reihe von Vorteilen für den Schuldenrestrukturierungsprozess eines Souveräns mit sich bringen und daher einen hohen potenziellen Nutzen aufweisen. Zusammengefasst tragen die Einzelklauseln der CACs zu einer Verringerung der bei einem Restrukturierungsprozess auftretenden Probleme der Koordination und Kommunikation zwischen den Gläubigern untereinander, aber auch zwischen den Gläubigern und dem Schuldner bei. Dabei vermindern sie vor allem drei Probleme des kollektiven Handelns: den Rush to the Exit, den Rush to the Court House sowie das Freerider- / Holdout-Problem. Bedingt dadurch ermöglichen CACs im Falle eines Defaults einen geordneten Umschuldungsprozess und vereinfachen die Einbindung privater Gläubiger, insbesondere bei Staatsanleihen, die durch eine große Gläubigerheterogenität gekennzeichnet sind. Somit wird im Falle eines Defaults eine schnelle und kostengünstige Restrukturierung ermöglicht, wovon wiederum positive Impulse im Hinblick auf eine erfolgreiche Bewältigung einer staatlichen Verschuldungskrise zu erwarten sind. Da CACs in der EU bisher allerdings noch keine breite Anwendung finden, ist die im Rahmen des ESM geforderte Implementierung dieser, in alle neu zu emittierenden Staatsanleihen der EWU-Mitgliedstaaten, zu begrüßen. Hierbei sollten vor allem die in den Kapiteln 4.1 und 4.2 beschriebenen Mehrheitsklauseln aus den in Kapitel 4.7 aufgezeigten Gründen implementiert werden. Eine Prozentschwelle von 75 Prozent scheint ebenfalls aus den in Kapitel 4.7 genannten Gründen als angemessen. Es ist ferner zu begrüßen, dass die Ausgestaltung von CACs, wie es im Rahmen des ESM vorgesehen ist, in einer standardisierten und identischen Form erfolgt (Vgl. Kapitel 5.2, S. 81). Nur so kann gewährleistet werden, dass diese Klauseln in den unterschiedlichen nationalen Rechtsformen im Euroraum in selber Weise interpretiert werden, um so im Falle eines Defaults eine universelle Lösung zu finden.

Da CACs allerdings keinen Einfluss auf die Tragfähigkeit oder Nichttragfähigkeit der Schulden eines Staates haben, wird von ihnen die Wahrscheinlichkeit eines Zahlungsausfalls nicht beeinflusst (Vgl. Kapitel 4, S. 33). Daraus abgeleitet ist zu sagen, dass lediglich das Vorhandensein dieser Klauseln in Anleiheverträgen von Staatsanleihen souveräner Schuldner der EWU nicht dazu beitragen kann, zukünftige Krisen zu verhindern, deren Ursachen in einer Überschuldung liegen. Demnach können CACs auch nicht die in Kapitel 5.1 analysierten fundamentalen Probleme in der EWU lösen, welche im Wesentlichen mit den Weg in die gegenwärtige Misere bereitet haben. CACs können daher nicht alleine den Weg aus der Krise bereiten. Sie sollten komplementär zu anderen Instrumenten eingesetzt werden, wie bspw. solchen, die auf eine stärkere haushaltspolitische Disziplinierung und eine strengere Einhaltung des grundlegenden Rahmenwerkes der EU abstellen.

Ein weiteres Hindernis, das sich auf dem Weg aus der gegenwärtigen Staatsschuldenkrise mit Hilfe der CACs ergibt, resultiert aus der Tatsache, dass die Klauseln erst ab dem Jahr 2013 verbindlich in alle Neuemissionen von den Staaten der EWU implementiert werden sollen. Schlagend wird hierbei das in Kapitel 4.7 erörterte Übergangsproblem. Dies führt dazu, dass am Markt für eine lange Zeit Staatsanleihen von Souveränen der EWU sowohl mit als auch ohne CACs als integrativem Bestandteil existieren werden. Aufgrund dessen kann sich die von CACs ausgehende positive Wirkung erst nach dieser Übergangszeit, die sich laut einer Studie des IWF über einen Zeitraum von mehr als zehn Jahren erstrecken kann, umfassend entfalten (Vgl. Kapitel 4.7). Dies bedeutet gleichzeitig, dass auch eine Einbindung der privaten Gläubiger sich nicht auf die am Markt bestehenden Emissionen der EWU-Staaten erstreckt, d. h. auf Altschulden, sondern lediglich auf die Neuemissionen. Ein Beleg dieses Umstandes findet sich in Aussagen der politischen Entscheidungsträger, die nach dem Beschluss der Etablierung eines ESM, geäußert wurden. Dabei wurde zugesichert, dass der neue Mechanismus erst ab Mitte 2013 greifen wird und damit auch eine Einbindung der privaten Gläubiger nicht vor diesem Zeitpunkt erfolgt.[270] Bedingt dadurch bleibt es faktisch bei einem Bail-Out der bisherigen privaten Gläubiger, der bereits durch das für Griechenland bereitge-

---

[270] Vgl. z. B. Berger, S., www.wirtschaftsblatt.at/home, 16.12.2010

stellte Hilfspaket sowie die Finanzhilfen an Irland unter dem EU-Rettungsschirm stattgefunden hat.

Dies hat zur Folge, dass gerade die privaten Gläubiger, die in den Jahren nach der Einführung des Euro als Gemeinschaftswährung und vor dem Ausbruch der Staatsschuldenkrise nicht zwischen dem Kreditrisiko einzelner Euroländer differenziert und damit die Finanzierungsbedingungen innerhalb der Eurozone auch für wirtschaftlich labilere Staaten begünstigt und dadurch letztlich mit den Weg in die Krise bereitet haben, nicht an den Kosten ihrer Bewältigung beteiligt werden. Da damit den neuen Investoren ins Bewusstsein gerufen wird, dass sie in Zukunft an den Kosten beteiligt werden, werden jene für dieses damit verbundene erhöhte zu tragende Kreditrisiko einen entsprechend höheren Risikoaufschlag verlangen. Ansteigende Risikoprämien könnten jedoch die Finanzierungsprobleme, insbesondere der bereits im Fokus stehenden PIIGS-Staaten, noch verstärken und damit zudem die Wahrscheinlichkeit erhöhen, dass es zu einem tatsächlichen Default kommt. In diesem Fall würde das eigentliche von den politischen Entscheidungsträgen verfolgte Ziel der Krisenbewältigung durch die Einbindung privater Gläubiger in Form von CACs verfehlt und die von CACs ausgehende Signalwirkung schlagend (Vgl. Kapitel 4.7, S. 47). Zusätzlich verstärkt werden könnte dieser Effekt durch die Erwartung der Marktteilnehmer, dass bereits existierende längerfristige Anleihen doch von einer Restrukturierung ab Juni 2013 betroffen sein könnten. Vermutlich auch daraus resultierend konnten die Märkte bisher nicht beruhigt werden (Vgl. Abbildung 11, S. 69).

Der jetzige Zeitpunkt für die Einführung von CACs zur Einbindung privater Gläubiger sowie für die Bewältigung der gegenwärtigen Staatsschuldenkrise ist daher als nicht optimal zu bewerten. Zum einen kann die gegenwärtige Misere durch die Einführung zum jetzigen Zeitpunkt weiter verschärft werden. Zum anderen ist auf diese Weise eine Einbindung der bisherigen privaten Gläubiger nicht möglich. Um zu vermeiden, dass solche Probleme auftreten sowie um das von CACs positiv ausgehende Potenzial bereits heute ausschöpfen zu können, wäre eine breite, flächendeckende Implementierung von CACs bspw. zum Zeitpunkt der Einführung der Gemeinschaftswährung im Jahr 1999 optimaler gewesen. Darüber hinaus hätte auch der im Jahr 2002 gefasste Beschluss über die Einführung von CACs, lediglich in Staatsanleihen der EU emittiert unter fremder Jurisdiktion (Vgl. Kapitel 4.8, S. 53f.), als Chance genutzt werden können, diese Klauseln in einem „normalen", nicht bereits von einer Krise erfassten Umfeld, flächendeckend in alle Staatsanleihen zu integrieren.

Das Übergangsproblem würde darüber hinaus dazu führen, dass die Anleihen mit CACs gegenüber jenen ohne CACs als integrativem Bestandteil weniger attraktiv wären, aufgrund des „Bail-Ins" der privaten Gläubiger. CAC-Anleihen würden damit faktisch einen Status der Nachrangigkeit gegenüber den Anleihen ohne CACs erhalten, womit erst genannte wieder als besonders risikobehaftet eingeschätzt werden und negative Auswirkungen auf die Finanzierungskosten haben könnten. Zudem ist zu erwarten, dass aufgrund dieser Nachrangigkeit die Nachfrage nach den Anleihen mit CACs an den internationalen Kapitalmärkten geringer ist im Vergleich zu Anleihen ohne CACs. Dies könnte wiederum negative Auswirkungen auf die Liquidität in den entsprechenden Anleiheemissionen haben und damit auch auf den Preis der Anleihen.

Um den Prozess der Implementierung zu beschleunigen und damit dem Übergangsproblem zu begegnen, könnte den privaten Gläubigern ein Umtauschangebot unterbreitet werden, um bestehende Anleihen in Neuemissionen mit CACs umzutauschen (Vgl. Kapitel 4.7, S. 47). Jedoch müssten hier entsprechende Anreize gesetzt werden, um die Gläubiger zur Annahme des Angebotes zu bewegen. Solche könnten bspw. Hilfen finanzieller Natur, z. B. des IWF, sein (Vgl. Kapitel 4.7, S. 47), durch die die Konditionen der Ersatzemissionen attraktiver gestaltet werden könnten. Eine weitere Möglichkeit wäre es, Bürgschaften für die Neuemissionen mit CACs auszusprechen. Auch hier könnte der IWF zum Zuge kommen. Solche Bürgschaften müssten jedoch an eine laufend zu überprüfende Bedingung geknüpft werden. Das mit dieser Bedingung verknüpfte Ziel ist es, zu gewährleisten, dass eine Einstellung der Bürgschaften erfolgt, sobald die Verschuldung des souveränen Schuldners von den Marktteilnehmern wieder als langfristig tragfähig eingeschätzt wird, um eine Ausnutzung zu verhindern. Um ein reibungsloses Auslaufen dieser Bürgschaften sicherzustellen, wäre zudem denkbar, jene in einer degressiven Ausgestaltung auszusprechen.

In Kapitel 4.7 wurde darüber hinaus erörtert, dass eine Aggregation über mehrere Anleiheklassen hinweg mit Hilfe von CACs nicht möglich ist. Dieser Problematik kann zwar mit der Aggregation Clause begegnet werden, deren Implementierung auch im

Rahmen des ESM vorgesehen ist (Vgl. Kapitel 5.2, S. 81). Jedoch können die Probleme des kollektiven Handelns nur für einzelne Emissionen gelöst werden (Vgl. Kapitel 4.7, S. 46). Zudem ist die Aggregation über mehrere Anleiheklassen sowie anderer Schuldtitel hinweg aufgrund der Koordination einer hohen Anzahl unterschiedlicher Gläubiger mit differenzierten Interessen nur schwer durchführbar (Vgl. Kapitel 4.7, S. 46f.).

Es bleibt festzuhalten, dass mit dem ESM letztlich zwar ein ex-ante Instrumentarium geschaffen wird, in dessen Rahmen eine Beteiligung der privaten Gläubiger in Form von CACs an den Kosten eines Staatsbankrotts vorgesehen ist, womit Anreize zur Marktdisziplin gesetzt werden. Aufgrund der Politisierung des ESM besteht jedoch die Gefahr, dass ex-post eine Entscheidung gegen eine Beteiligung der privaten Gläubiger ausfällt, es zu einem Bail-Out kommt und die privaten Gläubiger somit auch in Zukunft nicht an den Kosten einer staatlichen Verschuldungskrise beteiligt werden. Hinzu kommt, dass im Rahmen des ESM keine eindeutige Definition hinsichtlich der Begrifflichkeiten „Liquiditätsengpass-Situation" sowie „Insolvenz" existiert. Es soll lediglich den Prinzipien des IWF gefolgt werden. Da dessen Priorität darin besteht, Länder, die sich in Zahlungsschwierigkeiten befinden, durch rechtzeitige finanzielle Unterstützung vor dem Staatsbankrott zu bewahren, kann es allein dadurch bedingt wieder zu einer Verschonung und damit einem Bail-Out der privaten Gläubiger kommen. Es besteht die Gefahr der Entwicklung hin zu einer Transferunion.

Auch die von CACs als integrativem Bestandteil von Staatsanleihen beschriebenen positiven Wirkungen werden im Rahmen des ESM durch dessen Politisierung wieder relativiert. Hierbei insbesondere die positive Wirkung in Bezug auf das Gläubiger-Moral-Hazard. Dies dadurch bedingt, dass CACs zwar grundsätzlich die Voraussetzung dafür schaffen, den privaten Gläubigern eine Beteiligung ins Bewusstsein zu rufen, durch den fehlenden Automatismus die Einbindung von diesen in Frage gestellt werden und sich wiederum negativ auf die zu erwartende Marktdisziplinierung auswirken kann. Die Gefahr zukünftiger Krisen ist daher durch die reine Existenz von CACs und dem fehlenden Automatismus der im Rahmen des ESM gesetzten Regeln nicht auszuschließen.

6. Fazit

Die im Frühjahr 2010 ausgebrochene Staatsschuldenkrise in der Europäischen Wirtschafts- und Währungsunion hat einmal mehr verdeutlicht, welche makroökonomischen Auswirkungen das Platzen einer über Jahre hinweg sich aufblähenden Blase nach sich ziehen kann. Die Gefahr, die dabei für die Stabilität der Eurozone bestand, konnte kurzfristig mit finanziellen Stützungsmaßnahmen (Hilfspaket für Griechenland und EU-Rettungsschirm) abgewendet werden. Es wurden jedoch grundlegende Schwachstellen des Rahmenwerkes der EWU offensichtlich sowie insbesondere die Tatsache, dass auch in der Eurozone ein Staatsbankrott zur Realität werden kann. Die Notwendigkeit grundlegender Reformen der bestehenden Regeln sowie die Etablierung neuer Mechanismen mit dem Ziel der Gefahr eines Ausbruchs einer vergleichbar schweren Krise wie der gegenwärtigen in Zukunft vorzubeugen und somit langfristig die Stabilität der Eurozone zu gewährleisten, ist daher in den Vordergrund der Betrachtungen gerückt. Der Ansatz der politischen Entscheidungsträger der EWU zur Etablierung eines ESM, der die Beteiligung privater Gläubiger in Form von CACs an den Kosten eines etwaigen Staatsbankrotts vorsieht, scheint dabei vom Grundsatz her ein erster Schritt in die richtige Richtung zu sein.

CACs bringen als Instrument der Bereitstellung eines Umschuldungsmechanismus zur Bewältigung staatlicher Verschuldungskrisen eine Reihe von Vorteilen für den Schuldenrestrukturierungsprozess eines Souveräns mit sich. Sie schaffen einen geordneten Rahmen für die Restrukturierung und gestalten den Prozess der Beseitigung der Anreize für Gläubiger nicht zu kooperieren effizienter und transparenter. Die Einbindung privater Gläubiger in die Bewältigung einer staatlichen Verschuldungskrise wird damit in besonderem Maße vereinfacht. Gleichzeitig wird damit insbesondere der Problematik des Gläubiger-Moral-Hazard begegnet, womit Anreize hin zu einer verstärkten Markdisziplinierung geschaffen werden in dem Sinne, dass private Gläubiger in Zukunft das Risiko eines Defaults in der EWU bei ihren Investitionsentscheidungen ernsthaft berücksichtigen und somit auch das Risiko eines Verlustes eines Teils ihrer Forderungen. Zugleich wirkt sich auf diese Weise über Rückkopplungseffekte die bloße Existenz des ESM positiv auf eine nachhaltige Haushaltspolitik des souveränen Schuldners aus.

CACs beeinflussen allerdings nicht die Wahrscheinlichkeit eines Staatsbankrotts. Ihre bloße Existenz kann daher nicht die Gefahr des Eintretens eines Defaults in der EWU verhindern. Zudem können CACs die der Krise zugrunde liegenden fundamentalen Ursachen, nicht lösen. CACs können demnach nicht ohne ein Zusammenwirken mit anderen Instrumentarien zur Sicherung und Stärkung der europäischen Gemeinschaft beitragen und den Weg aus der gegenwärtigen Misere bereiten. Die Aufnahme von CACs in Staatsanleihen von Souveränen der EWU soll ferner erst ab Mitte 2013 erfolgen. Das Übergangsproblem führt dazu, dass die Klauseln ihre positive Wirkung im Rahmen eines Schuldenrestrukturierungsprozesses in vollem Umfang erst nach dieser Übergangszeit entfalten und somit allenfalls bei der Bewältigung zukünftiger Krisen ihren Beitrag leisten können. Auch führt die Einführung zum jetzigen Zeitpunkt in einem bereits von Unsicherheit geprägten Umfeld noch zu einer Verschärfung der gegenwärtigen Krise, womit die Wahrscheinlichkeit des Eintretens eines Defaults zusätzlich erhöht wird. Weiter ist zu berücksichtigen, dass die Mittel der Geldaufnahme einem kontinuierlichen Wandel unterliegen, sich verändern und den aktuellen Trends anpassen oder gar neue Verschuldungsformen entwickelt werden.

Die Politisierung des ESM und damit verbunden ein fehlender Automatismus, der klare Regeln setzt, wann es zur Beteiligung der privaten Gläubiger in Form von CACs kommt, führt letztlich jedoch dazu, dass auch die von CACs ausgehenden positiven Wirkungen im Rahmen dieses Mechanismus insbesondere hinsichtlich der zu erwartenden Marktdisziplinierung wieder zu relativieren sind. Die Entscheidung über die Einbindung privater Gläubiger bleibt durch den fehlenden Automatismus eine politische Entscheidung. Den Entscheidungsträgern der EWU bleibt somit weiterhin das Hintertürchen offen, eine staatliche Verschuldungskrise letztlich doch durch einen Bail-Out zu lösen. Die Wirkung des ESM kann wiederum in Frage gestellt werden. Kombiniert mit der fehlenden Definition der Begrifflichkeiten „Liquiditätsengpass-Situation" und „Insolvenz" birgt dieses Hintertürchen die Gefahr einer Entwicklung der Währungsunion hin zu einer Transferunion. Um dieses Türchen vollends zu verschließen und damit auch die notwendige Glaubwürdigkeit in den ESM herzustellen, müsste jener weiterentwickelt werden, hin zu einem Mechanismus, der klare Regeln und Definitionen setzt, einem Automatismus unterliegt und nicht mehr durch den politischen Willen beeinflusst werden kann. Ein solches Regime könnte bspw. mit der Implementierung eines Insolvenzverfahrens für Staaten, vergleichbar dem bereits im Jahr 2001 unterbreiten Vorschlag eines SDRM, geschaffen werden.

Als Ergebnis dieser Studie bleibt abschließend festzuhalten, dass CACs ein sinnvolles Instrumentarium sind, das einen geordneten Umschuldungsmechanismus für den Restrukturierungsprozess eines sich im Default befindlichen Staates bereitstellt. Zudem wird durch CACs die Einbindung privater Gläubiger in die Bewältigung einer staatlichen Verschuldungskrise in erheblichem Maße vereinfacht. In der gegenwärtigen Staatsschuldenkrise können CACs als technisches Instrument jedoch lediglich beschränkt und nicht als alleiniges Instrument den Weg aus der Misere bereiten. Insbesondere aufgrund der der Krise zugrundeliegenden fundamentalen Ursachen sind über CACs hinausgehende Maßnahmen notwendig, um am Ende einen nachhaltigen Weg aus der gegenwärtigen Staatsschuldenkrise zu ebnen und somit langfristig die Stabilität der Eurozone zu gewährleisten. Doch welcher Weg am Ende tatsächlich aus der gegenwärtigen Krise führt, wird sich abschließend erst in der Zukunft zeigen.

Literaturverzeichnis

Amann, Christina: Diese Klauseln sollen die Währungsunion retten. In: http://www.ftd.de/finanzen/maerkte/anleihen-devisen/:eu-schuldenkrise-diese-klauseln-sollen-die-waehrungsunion-retten/50199671.html, 28.11.2010.

Andritzky, Jochen R.: Holdouts und Anlegerklagen nach einer Restrukturierung von Staatsschulden. In: http://www.andritzky.de/jochen/papers/Anlegerklagen.pdf, 07.12.2004.

Bankenverband (Hrsg.): Konjunkturbericht Dezember 2010. 2011 Jahr der Konsolidierung, Berlin 2010.

Becker, Torbjörn/ Richards, Athony/ Thaicharoen, Yungyong: Bond Restructuring and Moral Hazard: Are Collective Action Clauses Costly?, IMF Working Paper, o. O. 2001.

Berensmann, Kathrin: Die Einbindung privater Gläubiger in die Prävention und Bewältigung von internationalen Verschuldungskrisen, Berichte und Gutachten Deutsches Institut für Entwicklungspolitik, Bonn 2003b.

Berensmann, Kathrin: Internationale Verschuldungskrisen: Neuere Instrumente zur Umstrukturierung von Staatsanleihen, Analysen und Stellungnahmen Deutsches Institut für Entwicklungspolitik, Bonn 2003a.

Berensmann, Kathrin/ Herzberg, Angélique: Insolvenzrecht für Staaten: Ein Vergleich von ausgewählten Vorschlägen, Discussion Paper Deutsches Institut für Entwicklungspolitik, Bonn 2007.

Berger, Sabine: EU-Gipfel einigt sich auf Vertragsänderung. In: http://www.wirtschaftsblatt.at/home/international/wirtschaftspolitik/eu-gipfel-einigt-sich-auf-vertragsaenderung-451764/index.do, 16.12.2010.

Blankart, Charles B.: Öffentliche Finanzen in der Demokratie, 5. Aufl., München 2003

Blankart, Charles B./ Fasten, Erik R.: Wer soll für die Schulden im Bundesstaat haften? Eine vernachlässigte Frage der Förderalismusreform II. In: Perspektiven der Wirtschaftspolitik, 2009, Heft 1, S. 39-59.

Blankart, Charles B./ Klaiber, Achim: Die EU-Finanzkrise und Rezepte zu ihrer Überwindung. In: Neue Zürcher Zeitung Nr. 198, 27.08.2010, S. 27.

Bloomberg: Datenbank

BMF (Hrsg.): EFSF Rahmenvertrag. In: http://www.bundesfinanzministerium.de/nn_82/DE/Wirtschaft__und__Verwaltung/Europa/20100609-Schutzschirm-Euro-Anlage__1,templateId=raw,property=publicationFile.pdf, 07.06.2010b.

BMF (Hrsg.):	Stabilitäts- und Wachstumspakt. In: http://www.bmf.gv.at/WipoEUInt/ Wirtschaftspolitiki_510/StabilittsundWachst_671/ _start.htm, 15.02.2011.
BMF (Hrsg.):	Treffen der Eurogruppe- und EU-Finanzminister am 27./28. November 2010. In: http://www.bundesfinanzministerium.de/nn_1280/ DE/Wirtschaft__und__Verwaltung/Europa/291120 10-Irland.html?__nnn=true, 29.11.2010a.
BMWi (Hrsg.):	Überschuldung und Staatsinsolvenz in der Europäischen Union, Gutachten, Berlin 2010.
Bouchain, Helge/ Clasen, Kathrin/ De la Rubia, Dr. Cyrus:	Covered Bond Research Monthly, Hamburg 2008/2009.
bpb (Hrsg.):	Europäische Wirtschafts- und Währungsunion. EWWU, (Konvergenzkriterien). In: http://www.bpb.de/popup/popup_ lemmata.html?guid=9NLCHJ, 15.02.2011.
bpb (Hrsg.):	Griechenland kämpft gegen den Staatsbankrott. In: http://www.bpb.de/themen/ BU67Q9,0,0,Griechenland_k%E4mpft_gegen_den _Staatsbankrott_.html, 11.02.2010.
Bradley, Michael H./ Cox, James D./ Gulati, Mitu:	The Market Reaction to Legal Shocks and Their Antidotes: Lessons from the Sovereign Debt Market, Legal Scholarship Repository Duke Law School, Mai 2008.

Buchheit, Lee C.:	Changing bond documentation: the sharing clause. In: International Financial Law Review, 1998, Heft 7, S. 17-19.
Buchheit, Lee C./ Gulati, Mitu:	How to Restructure Greek Debt, Working Paper, o. O. 2010.
Buchheit, Lee C./ Gulati, Mitu/ Mody, Ashoka:	Sovereign Bonds and the Collective Will, Research Paper Nr. 346884 Georgetown University Law Center, New York 2002.
Burghof, Hans-Peter/ Henke, Sabine:	Glossar Kreditderivate. In: Kreditderivate. Handbuch für die Bank- und Anlagepraxis, Burghof, H.-P., Henke, S., Rudolph, B., Schönbucher, P. J., Sommer, D. (Hrsg.), 2. Aufl., Stuttgart 2005, S. 767-780.
Busch, Berthold/ Jäger-Ambrozewicz, Manfred/ Matthes, Jürgen:	Wirtschaftskrise und Staatsbankrott. Sind auch die Industrieländer bedroht?, 1. Aufl., Köln 2010
Club de Paris (Hrsg.):	Club de Paris. In: http://www.clubdeparis.org/, 30.01.2011.
Collas, Constantin:	Der Staatsbankrott und seine Abwicklung, J. G. Cotta'sche Buchhandlung Nachfolger, Stuttgart und Berlin 1904
Crockett, Andrew:	Mr Crockett asks whether the international financial system needs mending. In: http://www.bis.org/review/r991210b.pdf?frames=0, 08.12.1999.

Czerwensky (Hrsg.):	Jahresprognose 2011, 1. Aufl., o. O. 2010
Dauses, Prof. Dr. Manfred A.:	Europäisches Wirtschaftsrecht. Rechtliche Grundlagen der Europäischen Wirtschafts- und Währungsunion, Band 28, München 2003
Deutsche Bank (Hrsg.):	Bank- und Börsenlexikon. In: http://www.db.com/lexikon/lexikon_de/ content/index_1189.htm, 07.02.2011.
Deutsche Bundesbank (Hrsg.):	Finanzstabilitätsbericht 2010. In: http://www.bundesbank.de/download/ volkswirtschaft/finanzstabilitaetsberichte/ finanzstabilitaetsbericht2010.pdf, 18.11.2010.
Deutsche Bundesbank (Hrsg.):	Monatsbericht April 2005a. In: http://www.bundesbank.de/download/ volkswirtschaft/mba/2005/200504mba_ aenderungenswp.pdf, 15.02.2011.
Deutsche Bundesbank (Hrsg.):	Monatsbericht Januar 2005b. In: http://www.bundesbank.de/download/ volkswirtschaft/monatsberichte/2005/ 200501mb_bbk.pdf, 15.02.2011.
Deutsche Bundesbank (Hrsg.):	Weltweite Organisationen und Gremien im Bereich von Währung und Wirtschaft. In: http://www.bundesbank.de/download/ presse/publikationen/weltorg_internet2003.pdf, März 2003.
Dixon, Liz/ Wall, David:	Collective action problems and collective action clauses. In: Bank of England - Financial Stability Review, S. 142-151, London 2000.

Dullien, Sebastian/ Schwarzer, Christina: Umgang mit Staatsbankrotten in der Eurozone. Stabilisierungsfonds, Insolvenzrecht für Staaten und Eurobonds, Studie Stiftung Wissenschaft und Politik Deutsches Institut für Internationale Politik und Sicherheit, Berlin 2010.

Drage, John/ Hovaguimian, Catherine: Collective Action Clauses (CACS): an analysis of provisions included in recent sovereign bond issues, International Finance Division Bank of England, o. O. 2004.

DZ BANK (Hrsg.): Irland: Dunkle Wolken über der grünen Insel, Research Publikation, Frankfurt am Main 2010.

DZ BANK (Hrsg.): Private Wertpapierstrategie. Das 1x1 der Anleihen, Research Publikation, Frankfurt am Main 2005.

Edling, Herbert: Der Staat in der Wirtschaft, 1. Aufl., München 2001

Eichengreen, Barry, J.: Can the Moral Hazard Caused by IMF Bailouts be Reduced?, 1. Aufl., London 2000

Eichengreen, Barry J./ Mody, Ashoka: Bail-Ins, Bailouts, and Borrowing Costs, IMF Working Paper Nr. 47, o. O. 2001.

Eichengreen, Barry J./ Mody, Ashoka: Would Collective Action Clauses Raise Borrowing Costs?, Working Paper Nr. 7458, o. O. 2000.

Eichengreen, Barry J./ Portes, Richard: Crisis? What Crisis? Orderly Workouts for Sovereign Debtors, 1. Aufl., London 1995

Ermrich, Christine: Die Zahlungsunfähigkeit von Staaten. Ein Problem der Staatenverantwortlichkeit und des Entwicklungsvölkerrechts sowie der Kontrollmechanismen des IWF, 1. Aufl., Hamburg 2007

EU-Kommission: Datenbank. Forecasts for EU Member States. In: http://ec.europa.eu/economy_finance/eu/forecasts/2010_autumn_forecast_en.htm, 01.03.2010.

EU-Kommission (Hrsg.): Quarterly Note on the Euro-Denominated Bond Markets Nr. 59. In: http://ec.europa.eu/economy_finance/publications/publication2046_en.pdf, Juli-September 2003.

EU-Rat: Erklärung der Eurogruppe. Erklärung zur Unterstützung für Griechenland. In: http://www.consilium.europa.eu/uedocs/cmsUpload/st02492.de10.pdf, 05.05.2010.

EU-Rat: Tagung des Europäischen Rates 16./17. Dezember 2010. Schlussfolgerungen. In: http://www.consilium.europa.eu/uedocs/cms_data/docs/pressdata/de/ec/118604.pdf, 25.01.2011.

Eurostat: Datenbank. In: http://epp.eurostat.ec.europa.eu/portal/page/portal/statistics/themes, 01.03.2011.

Eurostat: Datenbank. In: http://appsso.eurostat.ec.europa.eu/nui/show.do?dataset=namq_aux_ulc&lang=de, 13.03.2011.

EZB:	Datenbank. In: http://www.ecb.europa.eu/stats/exchange/hci/html/hci_ulct_index.en.html, 01.03.2011.
EZB (Hrsg.):	Wirtschafts- und Währungsunion. In: http://www.ecb.int/ecb/history/emu/html/index.de.html, 15.02.2011.
Focus online (Hrsg.):	Chronologie: Die Euro-Krise. In: http://www.focus.de/politik/deutschland/eu-chronologie-die-euro-krise_aid_581996.html, 15.12.2010.
Focus online (Hrsg.):	Ein Rettungsschirm für 750 Milliarden. In: http://www.focus.de/finanzen/news/staatsverschuldung/staatsverschuldung-ein-rettungsschirm-fuer-750-milliarden_aid_506673.html, 10.05.2010.
Frech, Tim:	Internationale Verschuldungskrisen, die Kreditvergabepolitik des IWF und Schuldner-Moral-Hazard: Eine Analyse aus vertragstheoretischer Sicht, Diss., Bern und Gerzensee 2005.
Fritz, Barbara:	Wie tragbar sind Schulden? Debt Sustainability, Insolvenzrecht für Staaten und die neue Rolle des IWF. In: http://www.lai.fu-belin.de/homepages/fritz/publikationen/Barbara_Fritz_Debt_Sustainability_f__r_Flensburg.pdf, 28.01.2011.

Frühauf, Markus:	Die Fieberkurve der griechischen Schuldenkrise. In: Frankfurter Allgemeine Zeitung Nr. 43, 20.02.2010, S. 21.
G-10:	The Resolution of Sovereign Liquidity Crises. In: http://www.bis.org/publ/gten03.pdf, o. O. 1996.
Grill, Wolfgang/ Perczynski, Hans:	Wirtschaftslehre des Kreditwesens, 42. Aufl., Troisdorf 2002
Gugiatti, Mark/ Richards, Anthony:	The Use of Collective Action Clauses in New York Law Bonds of Sovereign Borrowers, Reserve Bank of Australia, Australia 2004.
Häseler, Sönke:	Collective Action Clauses in International Sovereign Bond Contracts. Whence the Opposition?, Working Paper Nr. 007-2009 European Association of Law and Economics, Hamburg 2009.
Haldane, Andrew G./ Penalver, Adrian/ Saporta, Victoria/ Song Shin, Hyun:	Analytics of sovereign debt restructuring, Working Paper Nr. 203 Bank of England, 2003.
Hefeker, Carsten:	Ein Insolvenzrecht für Staaten? In: Wirtschaftsdienst, 2002, Heft 11, S. 684-688.
Hefeker, Carsten:	Vermeidung und Bewältigung von Verschuldungskrisen: Die Rolle privater und öffentlicher Investoren, Discussion Paper Nr. 340 Hamburg Institute of International Economics, Hamburg 2006.

Heidorn, Thomas:	Kreditderivate. In: Handbuch „Credit Analyst", Everling, O., Holschuh, K., Leker, J. (Hrsg.), 1. Aufl., München 2009.
Hersel, Philipp:	Auslandsverschuldung. Chance oder Blockade für den Entwicklungsprozess?, Studiespapier Berliner LandesStudiesgemeinschaft Umwelt und Entwicklung e. V., Berlin 1999.
Illing, Prof. Dr. Gerhard:	Reformen für den Euroraum. In: http://www.sfm.vwl.uni-muenchen.de/forschung/eurokrise_tutzing.pdf, 13.11.2010.
IMF (Hrsg.):	Assessing Sustainability. In: http://www.imf.org/external/np/pdr/sus/2002/eng/052802.pdf, 28.05.2002b.
IMF (Hrsg.):	Collective Action Clauses in Sovereign Bond Contracts-Encouraging Greater Use. In: http://www.imf.org/external/np/psi/2002/eng/060602a.pdf, 06.06.2002c.
IMF (Hrsg.):	Cooperation and reconstruction (1944-71). In: http://www.imf.org/external/about/histcoop.htm, 30.01.2011.
IMF (Hrsg.):	Global Financial System Resilience in the Face of Cyclical Challenges. In: Global Financial Stability Report, April 2006.

IMF (Hrsg.):	Jahresbericht 2003. In: http://www.imf.org/external/pubs/ft/ar/2003/deu/pdf/file2d.pdf, 30.04.2003a.
IMF (Hrsg.):	Progress Report to the International Monetary and Financial Committee on Crisis Resolution. In: http://www.imf.org/external/np/pdr/cr/2003/eng/090503.pdf, 05.09.2003b.
IMF (Hrsg.):	The Design and Effectiveness of Collective Action Clauses. In: http://www.imf.org/external/np/psi/2002/eng/060602.pdf, 06.06.2002a.
IMF (Hrsg.):	The IMF's Contingent Credit Lines (CCL). In: http://www.imf.org/external/np/exr/facts/ccl.htm, 20.02.2011.
Jeck, Dr. Thiemo:	Euro-Rettungsschirm bricht EU-Recht und deutsches Verfassungsrecht, Studie Centrum für Europäische Politik, Freiburg 2010.
Johannsen, Kai:	Staatsschuldenkrise hält die Märkte in Atem. In: Börsen-Zeitung Nr. 253, 31.12.2010, S. 17.
Karrer, Alexander:	Insolvenzmechanismen für überschuldete Staaten, Referat Eidgenössische Finanzverwaltung EFV, Bern 2002.

Kletzer, Kenneth M.:	Sovereign Bond Restructuring: Collective Action Clauses and Official Crisis Intervention, IMF Working Paper, o. O. 2003.
Koch, Elmar B.:	Challenges at the Bank for International Settlements, 1. Aufl, Berlin 2007
Koch, Elmar B.:	Collective action clauses. The way forward. In: http://www.law.georgetown.edu/international/documents/Koch.pdf, 24.02.2004.
Krueger, Anne O.:	A New Approach To Sovereign Debt Restructuring. In: https://imf.org/external/pubs/ft/exrp/sdrm/eng/sdrm.pdf, April 2002.
Kurm-Engels, Marietta/ Riedel, Donata:	Weber nimmt Gläubiger in die Pflicht. In: Handelsblatt Nr. 200, 15./16.10.2010, S. 4.
Liu, Yan:	Collective Action Clauses in International Sovereign Bonds. In: http://www.imf.org/external/np/leg/sem/2002/cdmfl/eng/liu.pdf, 30.08.2002.
lpb-BW (Hrsg.):	Griechische Tragödie. In: http://www.lpb-bw.de/finanzkrise_griechenland.html, 15.02.2011.
Mankiw, N. Gregory:	Grundzüge der Volkswirtschaftslehre, 3. Aufl., Stuttgart 2004
Marauhn, Thilo:	Streitbeilegung in den internationalen Wirtschaftsbeziehungen, 1. Aufl., Tübingen 2005

Mayer, Christian:	Wie nähert man sich einem internationalen Insolvenzverfahren für Staaten? In: Zeitschrift für das gesamte Insolvenzrecht, 2005, Heft 9, S. 454-468.
Mullock, Cynthia:	Sovereign Debt Restructuring Proposals and Their Effects on Emerging Markets Debt Investment. In: The Chazen Web Journal of International Business, o. O. 2003.
OECD:	Datenbank. In: http://stats.oecd.org/Index.aspx, 01.03.2011.
Paulus, Prof. Dr. Christoph G.:	Eine Neuorientierung. Braucht Europa eine Insolvenzordnung für Staaten? In: ifo Schnelldienst, 2010b, Ausgabe 23, S. 7-11.
Paulus, Prof. Dr. Christoph G.:	Rechtliche Handhaben zur Bewältigung der Überschuldung von Staaten. In: Recht der internationalen Wirtschaft, 2009, Band 55, Heft 1-2, S. 11-17.
Paulus, Prof. Dr. Christoph G.:	Resolvenzrecht als Mittel zur Haushaltsdisziplinierung. Wege aus der europäischen Staatsschuldenkrise. Zeitgespräch. In: Wirtschaftsdienst, 2010a, Heft 12, S. 793-797.
Piekenbrock, Prof. Dr. Dirk:	Gabler Kompakt-Lexikon. Volkswirtschaft, 1. Aufl., Wiesbaden 2002
Pisani-Ferry, Jean:	Europa sollte auf Angela Merkel hören. In: Handelsblatt Nr. 32, 15.02.2011, S. 7.

Plickert, Philip: Ökonomen sehen Verstoß gegen Maastricht-Vertrag. In: http://www.faz.net/s/Rub3ADB8A210E754E748F42960CC7349BDF/Doc~EC82E4A8C530648F9A163A74488B10A65~ATpl~Ecommon~Scontent.html, 02.01.2011.

Reinhart, Carmen M./ Rogoff, Kenneth S.: Dieses Mal ist alles anders. Acht Jahrhunderte Finanzkrisen, 2. Aufl., München 2010

Roubini, Nouriel: Bail-In, Burden-Sharing, Private Sector Involvement (PSI) in Crisis Resolution and Constructive Engagement of the Private Sector. A Primer: Evolving Definitions, Doctrine, Practice and Case Law, Working Paper Stern School of Business, New York 2000.

RP online (Hrsg.): Auch S&P stuft Griechenland herunter. In: http://www.rponline.de/wirtschaft/news/Auch-SP-stuft-Griechenland-herunter_aid_796800.html, 16.12.2009.

Ruhkamp, Stefan: Deutschland versäumt ersten Schritt zur Umschuldungsordnung für Staaten. In: http://www.faz.net/s/Rub09A305833E12405A808EF01024D15375/Doc~E3C27FABB6E4A4432A87F9EFDDDB5AFD2~ATpl~Ecommon~Scontent.html, 28.10.2010.

Schäfer, Hans-Bernd: Was wird aus Griechenland? Überlegungen zu einem Insolvenzrecht für internationale Staatsschulden, Studiespapier Nr. 3 Institut für Recht und Ökonomik, Hamburg 2010.

Schaltegger, Christoph A./ Weder, Martin:	Zwischen Verschuldungskrise und Haushaltskonsolidierung: Aktuelle Herausforderungen der Finanzpolitik, Working Paper Nr. 2010-15 Center for Research in Economics, Management and the Arts, Basel 2010.
SECO (Hrsg.):	Ursachen und Auswirkungen der europäischen Schuldenkrise. In: Konjunkturtendenzen Sommer 2010, S. 28-40.
Siebel, Ulf R.:	Rechtsfragen internationaler Anleihen, 1. Aufl., Berlin 1997
Speyer, Bernhard:	Internationales Insolvenzrecht. Die Sicht privater Banken, Deutsche Bank Research Nr. 262, Frankfurt am Main 2003.
Spiegel online (Hrsg.):	EU-Kommission leitet Defizitverfahren gegen Italien ein. In: http://www.spiegel.de/wirtschaft/0,1518,359501,00.html, 07.06.2005.
Spremann, Klaus:	Wirtschaft, Investition und Finanzierung, 5. Aufl., München 1996
Spremann, Klaus/ Gantenbein, Pascal:	Zinsen, Anleihen, Kredite, 3. Aufl., München 2005
Streinz, Prof. Dr. Rudolf/ Ohler, Prof. Dr. Christoph/ Herrmann, Dr. Christoph:	Der Vertrag von Lissabon zur Reform der EU. Einführung mit Synopse, 2. Aufl., München 2008

SVR (Hrsg.):	Jahresgutachten 2010/11. Chancen für einen stabilen Aufschwung. In: http://www.sachverstaendigenrat-wirtschaft.de/fileadmin/dateiablage/ download/gutachten/ga10_ges.pdf, 15.02.2011.
Szigetvari, Andreas:	EU-Pleiteregelung nach dem Vorbild Südamerikas. In: http://derstandard.at/1289609149086/Bankrott-EU-Pleiteregelung-nach-dem-Vorbild-Südamerikas, 30.11.2010.
Szodruch, Alexander:	Staateninsolvenz und private Gläubiger. Rechtsprobleme des Private Sector Involvement bei staatlichen Finanzkrisen im 21. Jahrhundert, 1. Aufl., Berlin 2008
tagesschau.de (Hrsg.):	Chronik: Griechenlands Weg in die Krise – und wieder hinaus. In: http://www.tagesschau.de/ wirtschaft/griechenland640.html, 20.05.2010.
tagesschau.de (Hrsg.):	110 Milliarden Euro für Griechenland. In: http://www.tagesschau.de/wirtschaft/ griechenland644.html, 02.05.2010.
The Economist (Hrsg.):	Fighting fire with fire. In: http://www.economist.com/node/ 17674011?story_id=17674011, 09.12.2010.
Tietje, Prof. Dr. Christian:	Die Argentinien-Krise aus rechtlicher Sicht: Staatsanleihen und Staateninsolvenz. In: Beiträge zum Transnationalen Wirtschaftsrecht, 2005, Heft 37, S. 1-23.

Vogel, Prof. Dr. Hans-Gert:	Anleihen als Finanzierungsinstrument mittelständischer Unternehmen. Verbesserter gesetzlicher Rahmen und offene Fragen, Studiespapier Nr. 3 Adam-Ries-Fachhochschule, o. O. 2010.
Volkery, Carsten:	Griechen-Retter kaufen sich Zeit. In: http://www.spiegel.de/politik/ausland/ 0,1518,692551,00.html, 02.05.2010.
Wallstreet online (Hrsg.):	EU-Defizitverfahren gegen Italien, Portugal und Slowakei eingestellt. In: http://www.wallstreet-online.de/nachricht/ 2407752-eu-defizitverfahren-gegen-italien-portugal-und-slowakei-eingestellt, 03.06.2008.
Walter, Norbert:	Der Beitrag privater Finanzinstitute zur Entschuldung. In: List Forum für Wirtschafts- und Finanzpolitik, 2006, Heft 4, S. 359-366.
Weder, Prof. Beatrice:	Länder gehen nicht bankrott – oder doch?. In: http://www.international-macro.economics.uni-mainz.de/Dateien/3_laender_gehen_nicht_bankrott.pdf, 08.04.2002.
Winkeljohann, Norbert/ Wohlschlegel, Ansgar/ Dorenkamp, Axel:	Restrukturierung von Unternehmensanleihen mit dem Schuldverschreibungsgesetz: Kapitalmarkthemmnis oder effizienter Insolvenzschutz? In: Die Wirtschaftsprüfung, 2005, Heft 10, S. 562-568.
Wittmann, Walter:	Staatsbankrott – Warum Länder pleite gehen – Wie es dazu kommt – Weshalb uns das was angeht, 3. Aufl., Zürich 2010

Wöhe, Dr. Dr. Günter/ Döring, Dr. Ulrich:	Einführung in die Allgemeine Betriebswirtschaftslehre, 23. Aufl., München 2008
World Bank (Hrsg.):	Global Development Finance. Harnessing Cyclical Gains for Development, Analysis and Summary Tables, New York 2004.
Zanker, Benedikt:	Fortschritt bei der Umstrukturierung von Staatsanleihen, Studie Stiftung Wissenschaft und Politik Deutsches Institut für Internationale Politik und Sicherheit, Berlin 2004.
Zeller, Sven:	Wertpapiere im Investment Banking. In: Investment Banking, Hockmann, H.-J., Thießen, F. (Hrsg.), 2. Aufl., Stuttgart 2007, S. 189-199.
Zimmermann, Horst/ Henke, Klaus-Dirk:	Finanzwissenschaft, 8. Aufl., München 2001
o. V.:	Begriffe. In: http://www.staatsverschuldung.de/begriffe.htm, 15.02.2011.
o. V.:	Finanz-lexikon.de. In: http://www.finanz-lexikon.de/brady%20bonds_1132.html, 07.02.2011.
o. V.:	Gabler-Wirtschafts-Lexikon, Band K-R, 15. Aufl., Wiesbaden 2000
o. V.:	Wirtschafts- und Währungsunion und Euro. In: http://europa.eu/abc/12lessons/lesson_7/index_de.htm, 15.02.2011.